대학입시
중3부터
준비하라

대학입시
중3부터
준비하라

초판 1쇄 인쇄 2020년 10월 21일
초판 1쇄 발행 2020년 10월 28일

지은이 김진호

발행인 장상진
발행처 경향미디어
등록번호 제313-2002-477호
등록일자 2002년 1월 31일

주소 서울시 영등포구 양평동 2가 37-1번지 동아프라임밸리 507-508호
전화 1644-5613 | **팩스** 02) 304-5613

ⓒ 김진호

ISBN 978-89-6518-312-9 03370

맞춤형 고교 입시로 설계하는
명문대 입시 로드맵

대학입시 중3부터 준비하라

내 아이 입시에 유리한
고등학교를 찾아라!

| 김진호 지음 |

경향미디어

입시 전략은
고등학교 선택부터 시작하라

교육정책이 다시 예전으로 돌아가고 있다. 2024학년도부터 수능 선발 비율을 40% 이상 확대한다고 한다. 예전의 경기고등학교, 서울고등학교, 경복고등학교와 같이 입시에 강한 학교가 따로 정해질 것 같다. 교육부는 2024년까지는 특목고와 자사고를 존속하고 2025년도에는 폐지한다고 발표했다. 2024년까지는 지금의 특목고와 전국권 자사고가 예전의 경기고등학교나 서울고등학교의 역할을 대신할 것이다.

불과 몇 년 전만 해도 학생부종합전형이 모든 입시의 해악을 해결해줄 구세주인 것처럼 말하던 정부가 이제 학생부종합전형은 적폐의 대상이고, 수능만이 공정한 입시제도라고 말한다. 하루가 멀다 하고 바뀌는 입시정책을 볼 때마다 수험생과 학부모의 심정은 어떨지

짐작조차 안 간다. 학생부종합전형을 이제 좀 알 것 같다 싶으니 다시 수능으로 간단다. 그야말로 환장할 노릇이다. "과학고, 영재고가 정답인 줄 알았는데 입시개편으로 이것도 아닌 것 같고, 그렇다고 일반고 가기엔 뭔가 찝찝하고…." 이게 현재 학부모들의 심정이리라.

서울대가 어떤 방식으로 학생들을 선발하는지를 보면 답이 나온다. 나는 그 답을 찾아가고자 했다. 서울공대가 과연 과학고, 영재고 학생들을 내신이 나쁘다고 선발하지 않을까? 어떤 방법으로 선발하려고 할까? 서울대는 추첨으로 학생들을 선발하지 않는다. 우수한 학생 선발이 본질이므로 실력을 평가해서 선발한다.

2020학년도 수능시험의 만점자 중 한 명은 김해외고 재학생인 송영준 군이다. 송 군은 고등학교 올라와서 처음 본 시험에서 전교생 127명 중에 126등을 했다. 송 군은 집안 형편이 어려운 학생들을 선발하는 사회통합전형으로 외고에 입학했다. 그는 중학교 때부터는 학원에 다녀본 적이 없다. 중학교 때 전교 10등 정도를 유지했지만 외고에 진학하며 성적이 바닥으로 떨어졌다.

김해외고는 전교생이 기숙사 생활을 하는데, 기상 시각이 오전 6시 20분이고 의무 자습 시간이 밤 11시까지이다. 그러나 송 군은 1시간 일찍 일어나고, 1시간 늦게 잤다. 김해외고 1학년 중간고사에서 86등이었던 수학 성적은 2학기 중간고사에서 전교 4등으로 확 뛰었다. 송 군은 인터넷 강의도 3학년이 되어서야 처음 들었다고 한다. 사교육에 대한 회의감을 가져오는 뉴스이다. 그렇다면 왜 다른 학생들은 사교육을 받고도 수능 만점을 받지 못할까?

초등학교 때부터 입시를 이해하고 전략적으로 고등학교를 선택해 체계적으로 준비하는 데 도움이 되도록 교육 정보를 제공하고자 이 책을 집필했다. 나는 특목고나 전국권 자사고를 간다고 무조건 성공하는 것이 아니라 자신의 계열 성향과 목표에 맞는 고등학교 유형을 선택해야 대학입시에 성공한다고 생각한다.

우리나라 속담에 "모로 가도 서울만 가면 된다."라는 말이 있다. 2019년에 출간한 『고교 입시가 명문대 입학을 결정한다』는 특목고와 전국권 자사고 진학생을 위한 가이드북 성격이 짙었다. 이번 책에서는 계열 성향별로 적합한 고교 유형을 선택할 수 있도록 정보를 정리했다. 특히 일반고에 진학해서 대입에 성공할 방법을 집중적으로 살펴보았다.

2022학년도부터 의대 정원이 매해 400명씩 10년간 늘어난다고 한다. 원래 의대는 수능 전형 비중도 높고 수시 전형에서도 수능최저기준이 높게 설정되어 있어서 일반고에 유리한 면이 있었는데 이제 의대 정원이 늘어남으로써 더더욱 유리하게 된 것이다.

계열 성향을 바꾸어서라도 이공계를 가고 싶어 하는 학생들을 위한 정보를 실었다. 의대 정원 확대의 수혜를 받는 일반고 진학을 원하는 학생들과 학부모에게 실제적인 도움이 되도록 지역별로 갈 만한 '명문 일반고'를 소개했다. 일반고를 선택할 때에는 자신의 학습 정도에 대한 객관적인 파악과 지역별 특색 및 학교별 진학 실적 분석을 해야 자신에게 적합한 고등학교가 보인다.

"지피지기이면 백전백승이다." 지역인재전형, 지역의사 특별전형 등 여러모로 지방 소재 고교 학생들에게 유리한 전형의 혜택을 받을 수 있는 농어촌 자율고와 저평가된 전국권 자사고로 김천고, 북일고에 대해서도 상세한 분석을 했다.

일반고에서 수능을 대비하는 방법과 학문 자체에 관심을 두는 학생을 위한 학생부종합전형 대비법도 분석했다. 학생부종합전형에 강점을 지닌 학교들로 꼽을 수 있는 전국권 자사고와 외고·국제고의 입학전형 및 면접 경향을 분석했다. 또 학원을 선택할 때 어떤 관점으로 결정해야 하는지 서술했다.

이 책의 출간에 많은 분이 도움을 주셨다. 특히 갖가지 데이터와 자료를 제공해준 씨앤씨학원의 신원식 원장님께 이 자리를 빌려 감사를 전하고 싶다. 소중한 학교 정보를 제공해준 전국의 외고와 자사고, 자율고 학교 관계자 분들, 귀중한 시간을 할애하여 학교의 운영 방침과 특징 프로그램에 대해 상세한 설명을 해준 양천구의 일반고 학교 관계자분들에게도 감사를 전한다.

부디 초, 중, 고 자녀를 둔 학부모들이 입시에 성공하는 데 이 책의 정보가 도움이 되기를 기원한다. 마지막으로 책을 쓴다며 신경이 날카로워진 나의 짜증을 군말 없이 받아준 나의 영원한 연인이자 친구인 임금자 님에게 특별한 감사를 전한다.

CONTENTS

CHAPTER 1
변화하는 대학 입시에 유리해지려면?
입시 성공률은 아는 만큼 높아진다

CHAPTER 2
의대 진학에 가장 유리한 고등학교는?
7대 농어촌 자율고와 전국권 자사고 중 저평가된 김천고와 북일고

CHAPTER 3 일반고 진학도 전략적으로 하라
일반고 진학으로 입시에서 성공하는 방법

CHAPTER 4 뛰어난 입시 실적의 일반고를 주목하라
지역별 명문 일반고 15

CHAPTER
5

계열 성향은 고교 입학 전에 찾아라
고교 특성별로 걸맞은 학생 유형

변화하는 대학 입시에 유리해지려면?

입시 성공률은 아는 만큼 높아진다

복잡하기만 한 입시, 답은 뭘까?

2020년 봄, 코로나19로 대학입시와 고교입시가 파행적으로 진행되고 있다. 수능일이 늦춰졌고 면접도 비대면 방식이 거론되고 있다. 그러나 우수한 학생을 선발하고자 하는 입시의 목적은 변함이 없을 것이다. 대학이 학생을 어떻게 선발하는지를 알아야 입시에 대처할 수 있다.

대학입시는 크게 수시와 정시로 나뉜다. 정시는 수능을 말하며 대부분 수능 성적만으로 입학생을 선발한다. 수시는 종류가 많다. 크게는 학생부교과전형, 학생부종합전형, 논술전형, 실기전형으로 나눌 수 있다.

교육부의 미래 계획은 학생부교과전형 확대, 논술 및 특기자전형 폐지, 학생부종합전형 현행 유지 또는 축소로 요약할 수 있다. 대학 측은 생활기록부의 비교과 영역 반영 폐지를, 학생부종합전형에서 심층면접을 시행함으로써 보완하려는 움직임을 보인다.

학생부교과전형이란 학교 내신 성적이 주가 되는 전형이다. 서울대의 지역균형선발이, 연세대의 면접형이 이에 해당한다. 학교 내신만으로 선발하는 대학도 많다.

학생부종합전형이란 학교생활기록부를 중점적으로 보고 거기다가 자기소개서와 면접으로 최종 선발하는 전형이다. 이후로는 줄여서 '학종'이라 부르기로 한다.

대표적으로는 서울대의 일반전형이 대표적이다. 서강대, 성균관대, 한양대는 학종에서 면접 없이 학생부와 서류만으로 선발하는 학교이다. 전체적으로 낮게는 30%에서 높게는 80~90%까지 이른다. 이공계 특성화 대학은 대부분 학생부종합전형만으로 학생을 선발한다.

상위권 대학은 학종의 비율이 높다. 2021학년도 연세대 입학전형만 보더라도 특기자전형이 축소되었다. 그중에서도 인문·자연계열 특기자전형은 폐지되었다. 여기서 빠진 인원이 학종으로 합쳐져 총 573명으로 늘어났다. 그러나 2019년에 발생한 학종의 공정성에 대한 문제 제기로 정부는 수시, 특히 학생부종합전형보다는 수능 쪽을 확대하기로 결정했다.

논술전형이란 이과계열은 수학이나 과학 문제를, 인문사회계열은 사회현상이나 제시문에 대한 분석을 요구하는 전형이다. 수능최저기준을 설정한 대학도 있고, 수능최저기준이 없는 대학도 있다. 논술 성적만으로 선발하기 때문에 정시전형과 비슷하다. 대부분의 상위권 대학에서 실시하지만, 서울대나 고려대는 논술전형이 없다.

교육부가 발표한 '대입제도 공정성 강화 방안'에 따르면 2024학년도부터는 정시를 40% 이상으로 확대할 방침이다. 정시 확대 대상 학교는 서울대, 연대, 고대, 성대, 서강대 등 주요 16개 대학이다.

고3은 2019년 8월 공론화를 통해 결정된 '2022학년도 정시 30%' 적용을 받지 않다 보니, 주요 대학 중 정시 선발 비율이 20% 미만에 그치는 대학도 있다. 하지만 고2는 정시 비율이 최소 30% 이상이어야 한다. '정시 40%'를 조기에 달성한 대학의 경우, 한 대학이더라도 1년 만에 정시 비중이 크면 20%포인트가량 뛸 수도 있다.

그러나 대학이 정시 40% 확대 방침을 얼마나 적극적으로 반영할지도 알 수 없다. 교육부가 대학 반발을 고려해 2023학년도까지 2년에 걸쳐 이를 확대하도록 했기 때문이다.

정시 확대 대상과 비율은 현재 고3, 고2, 중3이 다 다를 수 있다. 2025년에는 자사고·외고·국제고가 폐지되고 새로운 수능 도입이 예고돼 있어서 더욱더 혼란을 가중하고 있다.

이제 일반고와 지방소재 고교가 유리하다

한 가지 특이한 점은 2022학년도 서울대 수능 반영 방법이다. 서울대는 2022학년도 정시에서 교과 이수 유형의 충족 여부에 따라 수능 성적에 최대 2점까지 부여할 계획이다. 유형은 두 가지로 구분된다.

유형Ⅰ은 수학에서 일반 선택 4과목 또는 일반 선택 3과목+진로 선택 1과목, 과학에서 일반 선택 2과목+진로 선택 2과목, 사회에서 일반/진로 선택 3과목을 선택하는 경우로, 이중 2개 이상 충족할 경우 1점을 가산한다. 유형Ⅱ는 수학에서 일반 선택 4과목 또는 일반 선택

연도별 수능 전형 비교

구분		고3 (2021학년도)	구분		고2 (2022학년도)
국어		화법과 작문, 언어(언어와 매체), 독서, 문학	국어	공통	독서, 문학
				선택	화법과 작문, 언어와 매체 중 택1
수학 (택1)	가형	수학 I, 미적분, 확률과 통계	수학	공통	수학 I, 수학 II
	나형	수학 I, 수학 II, 확률과 통계		선택	확률과 통계, 미적분, 기하와 벡터 중 택1
탐구 (택1)	사회	생활과 윤리, 윤리와 사상, 한국지리, 세계지리, 동아시아사, 세계사, 법과 정치, 경제, 사회문화 9개 과목 중 택2	탐구 (계열구분 폐지)	사회 / 과학 (택2)	생활과 윤리, 윤리와 사상, 한국지리, 세계지리, 동아시아사, 세계사, 법과 정치, 경제, 사회문화 9개 과목
	과학	물리 I, 화학 I, 생명과학 I, 지구과학 I, 물리 II, 화학 II, 생명과학 II, 지구과학 II 8개 과목 중 택2			물리 I, 화학 I, 생명과학 I, 지구과학 I, 물리 II, 화학 II, 생명과학 II, 지구과학 II 8개 과목
	직업	농업이해, 농업기초기술, 공업일반, 기초제도, 상업경제, 회계원리, 해양의 이해, 수산해운산업기초, 인간발달, 생활서비스 산업의 이해 10개 과목 중 택2	직업	공통	성공적인 직업 생활
				선택	농업기초기술, 공업일반, 상업경제, 수산해운산업의 기초, 인간발달 5개 과목 중 택1
영어		영어 I, 영어 II (절대평가)	영어		영어 I, 영어 II (절대평가)
한국사 (필수)		한국사 (절대평가)	한국사 (필수)		한국사 (절대평가)
제2외국어/ 한문		독일어 I, 프랑스어 I, 스페인어 I, 중국어 I, 일본어1, 러시아어 I, 아랍어 I, 베트남어 I, 한문1 9개 과목 중 택1	제2외국어/ 한문		독일어 I, 프랑스어 I, 스페인어 I, 중국어 I, 일본어 I, 러시아어 I, 아랍어 I, 베트남어 I, 한문 I 9개 과목 중 택1 (절대평가)

3과목+진로 선택 1과목, 과학에서 일반 선택 3과목+진로 선택 2과목 또는 일반 선택 2과목+진로 선택 3과목, 사회에서 일반 선택 3과목+ 진로 선택 1과목 또는 일반 선택 2과목+진로 선택 2과목을 이수하는 경우이다. 이중 2개 이상 충족 시 2점을 가산한다.

교육부는 주요 학생부 기재 영역인 교과 세부능력 및 특기사항 표준안을 만들어 2021년 학교현장에 보급하기로 했다. 또 교사들이 교과 세부능력 및 특기사항을 반드시 쓸 수 있도록 하고 이를 단계적으로 확대하기로 했다. 주당 수업시수가 많은 국어·영어·수학부터 적용하고 이후 다른 교과로 늘려나가는 식이다.

교육부는 교내에서 교과 세부능력 및 특기사항 기재와 관련해 컨설팅을 제공할 수 있는 교사도 배치할 계획이다. 학생부 비위 행위에 대한 처벌도 강화한다. 교사가 학생부 허위 기재를 하거나 기재 금지 사항을 위반했을 때 국립·공립·사립 등 소속에 상관없이 엄정한 징계기준을 적용한다. 또 대학이 전형과정에서 학생부 기재 금지 사항을 발견했을 때 이를 교육부에 보고하도록 했다. 이를 넘겨받은 관할 교육청은 비위 정도에 따라 교사와 학교를 처벌해야 하고 감사도 진행해야 한다. 대학은 교육청 감사결과에 따라 비위 정도가 심각할 경우 해당 학생의 입학 취소도 추진해야 한다.

정부의 입시개편안의 골자는 수능 전형 40% 이상 확대와 학생부 기재 축소 두 가지로 요약할 수 있다. 이 모든 변화가 조국 사태가 불러온 것이다. 이전부터 학생부종합전형에 대한 말이 많았지만, 조국

영역별 학생부 기재 양식 연도별 비교

구분	현 고3 (2021학년도 대입)	현 고1~고2 (2022~2023학년도 대입)	현 중3 이하 (2024학년도 대입)
교과활동	과목당 500자	-과목당 500자 -방과후 학교활동 　내용 미기재	-과목당 500자 -방과후 학교활동 내용 　미기재 -영재, 발명교육실적 　대입 미반영
행동특성종합 의견	1,000자	500자	500자
자율활동	1,000자	500자	500자
동아리활동	-500자 -정규·자율 동아리, 　청소년단체 활동, 　스포츠클럽활동 기재 -소논문 기재 가능	-500자 -자율동아리는 연간 　1개(30자)만 기재 -청소년단체활동은 　단체명만 기재 -소논문 기재 금지	-500자 -자율동아리 대입 미반영 -청소년단체활동 미기재 -소논문 기재 금지
봉사활동	-500자 -실적 및 특기사항	-특기사항 미기재 -교내·외 봉사활동 실적 　기재	-특기사항 미기재 -개인 봉사활동 실적 대입 　미반영(단 학교교육계획에 따라 　교사가 지도한 실적은 대입 반영)
진로활동	1,000자	-700자 -진로희망 분야 대입 　미반영	-700자 -진로희망 분야 대입 미반영
수상경력	모든 교내 수상 기재	교내 수상 학기당 1건 (3년간 6건) 대입 반영	대입 미반영
독서활동	도서명과 저자 기재	도서명과 저자 기재	대입 미반영
기타(자소서)	4개 문항, 5,000자	3개 문항, 3,100자	폐지
추천서	학교별	2022 대입부터 폐지	폐지

사태를 계기로 정부가 과감하게 메스를 댄 것이다. 다만 환부와는 너무나도 동떨어진 다른 부위에 메스를 대었다는 지적은 피하기 힘들 듯하다. 학부모와 학생의 입장에서는 이제 조금 학종을 이해하고 적응할 만하니 다시 제도가 바뀌어서 혼란이 더 가중되고 있다. 이런 정책은 강남, 목동으로 대변되는 교육특구의 일반고에 유리하게 작용할 것으로 예측한다.

2017년 3월, 중앙일보는 29%인 서울대 정시 비중을 50%로 확대한 결과를 시뮬레이션해 공개했다. 결과에 따르면 수능 확대로 일반고 중에 유리해지는 학교는 189곳이지만, 불리해지는 학교는 454곳으로 나타났다. 그리고 과학고·영재고 중에 유리해지는 학교가 한 학교도 없는 반면에 자사고는 유리해지는 학교가 38곳, 불리해지는 학교가 10곳이었다. 외고·국제고 중에 유리해지는 학교가 22곳, 불리해지는 학교가 9곳이었다.

2016년, 국회 입법조사처에서 흥미로운 논문을 발표했다. C대학교 1~4학년 770명을 대상으로 입시전형별 사교육 실태를 조사한 것이다. 전체 학생 중 83.5%가 사교육을 받은 경험이 있다고 답했다. 전형별로 보자면, 정시(수능)로 입학한 학생 중 90.8%, 논술전형은 88.2%, 학종은 77.6%가 사교육 경험이 있었다. 사교육을 받지 않고 입학한 학생 비율은 수능보다 학종이 높다. 학종의 사교육 밀착도가 낮다는 뜻이며, 수능을 잘 보기 위해서 학원에 가는 학생이 상대적으로 많다는 뜻이다.

좋은 학원이 많은 지역의 일반고를 학부모나 학생이 선호하는 것은 아주 자연스러운 현상으로 보인다. 그렇다면 강남이나 목동 등 학군이 좋고 학원이 발달된 지역으로 가야만 원하는 의대나 명문대에 입학할 수 있는 것일까?

나는 앞으로 대입에서 서울·수도권의 소위 명문 일반고보다는 내신이 쉬운 일반고가 유리하며, 지방의 전국권 자사고, 농어촌 자율고가 의대의 정원 확대와 약대 학부제 전환에 따른 수혜 학교라고 생각한다. 도식적인 학교 선택에서 벗어나 실리적인 선택을 할 시기이다. 가능하다면 서울을 탈피해서 과감하게 지방을 가야 하는 것이다. 정시를 생각한다면 굳이 지방까지 갈 이유는 없겠지만 지역인재와 학종까지 생각한다면 단연코 지방 소재 고교가 유리하다. 바야흐로 지방의 시대가 열리는 것이다.

2022학년도부터 10년 동안 매해 의대 5개가 새로 생겨나는 격인데, 매해 늘어나는 의대 정원 400명 중 300명은 지방의대 몫이다. 늘어나는 정원의 비율은 수능과 학종, 학생부교과전형으로 선발할 것이다.

서울 수도권의 고교에서는 내신 따기가 힘들어서 지역인재를 주로 뽑는 학생부교과전형과 내신이 잘 나와야 하는 학종에 불리하다. 그래서 자연히 수능 쪽에만 의존할 수밖에 없다. 선택의 폭을 넓히려면 지방이나 내신 따기가 쉬운 일반고로 가야 한다. 그러려면 중학교부터 기본 실력을 탄탄히 기르고 정신력을 굳건히 해야 한다. 이제 실리적으로 학교를 선택해야 할 때이다.

서울대 진학 실적을 보면 실마리가 보인다

2020학년도 고교별 서울대 진학 실적은 역시 특목고와 전국권 자사고가 강세였다. 일반고 중에서는 정시에 강점을 가진 서울 교육특구 지역 고교들의 강세가 두드러졌다. 이런 현상은 선발로 학생을 뽑는 특목고와 전국권 자사고가 존재하는 한 당분간 이어질 전망이다.

서울대 진학을 최우선으로 생각하는 학부모들은 특목고와 전국권 자사고가 폐지된다면 일반고를 선택할 수밖에 없겠지만, 그렇지 않으면 일단은 특목고와 전국권 자사고를 먼저 고려해야 할 것이다.

2020학년도 서울대 고교별 진학 실적
(2020년 2월 13일 기준, 영재고 제외)

순위	고교명	총합	정시최초	수시총합	수시최초	수시추합	고교 유형
1	용인외대부고	69	39	30	30	0	전국권 자사고
2	하나고	62	5	57	55	2	전국권 자사고
3	대원외고	58	23	35	35	0	외고
4	상산고	37	26	11	9	2	전국권 자사고
5	한영외고	28	7	21	21	0	외고
6	대일외고	27	1	26	26	0	외고
7	명덕외고	25	5	20	20	0	외고
8	민사고	24	5	19	19	0	전국권 자사고
9	세종과고	22	1	21	20	1	과학고
9	세화고	22	15	7	7	0	자사고
9	화성고	22	16	6	6	0	일반고
9	휘문고	22	15	7	6	1	자사고
13	서울고	20	10	10	10	0	자사고
13	중동고	20	12	8	8	0	자사고
15	단대부고	19	15	4	4	0	일반고
16	고양외고	18	1	17	17	0	외고
17	인천하늘고	17	1	16	16	0	전국권 자사고
17	포항제철고	17	3	14	14	0	전국권 자사고
17	한일고	17	9	8	8	0	일반(자율고)
20	경기외고	16	4	12	12	0	외고
20	운정고	16	12	4	4	0	자공고
20	중산고	16	10	6	6	0	일반고
20	한민고	16	2	14	13	1	일반고
24	강서고	15	12	3	3	0	일반고
24	인천과고	15	1	14	14	0	과학고
26	경남과고	14	0	14	14	0	과학고
26	세마고	14	9	5	5	0	자공고
26	숙명여고	14	9	5	5	0	일반고
26	안양외고	14	1	13	13	0	외고

순위	고교명	총합	정시최초	수시총합	수시최초	수시추합	고교 유형
30	낙생고	13	9	4	3	1	일반고
	대전외고	13	3	10	10	0	외고
	반포고	13	10	3	3	0	일반고
	보인고	13	7	6	5	1	자사고
	상문고	13	7	6	6	0	일반고
	선덕고	13	7	6	6	0	자사고
36	북일고	12	2	10	10	0	전국권 자사고
	세화여고	12	6	6	6	0	자사고
	용산고	12	6	6	6	0	자사고
	진선여고	12	6	6	6	0	일반고
40	부산외고	11	4	7	7	0	외고
	안동동산고	11	3	8	7	1	자사고
	양서고	11	3	8	8	0	일반고
	창원과고	11	0	11	11	0	과학고
44	고려고	10	3	7	7	0	일반고
	대일고	10	8	2	2	0	일반고
	양정고	10	2	8	7	1	자사고
	인천포스코	10	1	9	9	0	자사고
	충남삼성고	10	0	10	8	2	자사고
49	과천외고	9	0	9	9	0	외고
	대구일과고	9	0	9	8	1	과학고
	동화고	9	2	7	6	1	일반고
	서울국제고	9	2	7	7	0	국제고
	정화여고	9	6	3	3	0	일반고
	중대부고	9	5	4	4	0	일반고
55	대덕고	8	3	5	5	0	일반고
	대전동신과학고	8	0	8	8	0	과학고
	동탄국제고	8	2	6	6	0	국제고
	배재고	8	1	7	7	0	자사고
	서울외고	8	1	7	7	0	외고
	선정고	8	1	7	7	0	일반고

순위	고교명	총합	정시최초	수시총합	수시최초	수시추합	고교 유형
55	세광고	8	2	6	6	0	일반고
	신성고	8	6	2	2	0	일반고
	신일고	8	3	5	5	0	자사고
	인천국제고	8	2	6	6	0	국제고
65	경신고	7	5	2	2	0	자사고
	공주사대부	7	1	6	5	1	일반고
	김천고	7	3	4	4	0	전국권 자사고
	논산대건고	7	0	7	6	1	일반고
	대전고	7	0	7	7	0	자공고
	대전대성고	7	2	5	5	0	자사고
	대진고	7	5	2	2	0	일반고
	마포고	7	1	6	5	1	일반고
65	부산국제 외	7	1	6	6	0	외고
	부산일과고	7	0	7	7	0	과학고
	부산장안고	7	0	7	7	0	일반고
	서라벌고	7	1	6	6	0	일반고
	송도고	7	2	5	5	0	일반고
	양천고	7	3	4	4	0	일반고
	은광여고	7	2	5	5	0	일반고
	이대부고	7	2	5	5	0	자사고
	인천진선과	7	0	7	7	0	과학고
	재현고	7	2	5	3	2	일반고
	진주동명고	7	1	6	6	0	일반고
	청심국제고	7	1	6	6	0	국제고
85	경기북과고	6	0	6	6	0	과학고
	광양제철고	6	1	5	5	0	전국권 자사고
	금호고	6	1	5	5	0	일반고
	대전대신고	6	1	5	5	0	자사고
	미추홀외고	6	0	6	6	0	외고
	복자여고	6	0	6	6	0	일반고
	저현고	6	3	3	3	0	자공고

순위	고교명	총합	정시최초	수시총합	수시최초	수시추합	고교 유형
85	한가람고	6	2	4	4	0	자사고
	환일고	6	0	6	5	1	일반고
94	강원외고	5	1	4	4	0	외고
	경문고	5	1	4	4	0	자사고
	경산여고	5	0	5	4	1	일반고
	광주숭일고	5	0	5	4	1	일반고
	구현고	5	1	4	4	0	자공고
	대륜고	5	0	5	5	0	일반고
	명덕고	5	2	3	2	1	일반고
	분당대진고	5	4	1	1	0	일반고
	불곡고	5	0	5	5	0	일반고
	서대전고	5	3	2	2	0	일반고
	숭덕여고	5	0	5	5	0	일반고
	세일고	5	1	4	3	1	일반고
	야탑고	5	1	4	3	1	일반고
	양재고	5	0	5	5	0	일반고
	영동일고	5	2	3	3	0	일반고
	조대여고	5	0	5	5	0	일반고
	창현고	5	2	3	3	0	일반고
	풍덕고	5	1	4	4	0	일반고
	한영고	5	0	5	5	0	일반고
	해운대고	5	1	4	4	0	자사고

2020학년도 서울대 진학 실적 중 상위 10개 학교를 보면 광역권 자사고와 일반고는 3개 학교에 불과하고 나머지는 전부 전국권 자사고, 외고가 차지했다. 여기서 흥미로운 점은 외고의 2013학년도와 2020학년도의 서울대 진학률이다.

2013학년도 대원외고 졸업생 수는 420명이었고 서울대 진학률은 19.8%(N수생 포함)였다. 2020학년도 대원외고 졸업생 수는 274명이었고 서울대 진학률은 21.2%(N수생 포함)였다. 명덕외고도 같은 현상을 보이고 있다. 2013학년도 서울대 합격자 수는 36명이었고 졸업생 대비 진학률은 8.6%였으나 2020학년도 서울대 합격자 수는 25명으로 감소했지만 졸업생 대비 진학률은 10.0%로 오히려 증가했다. 즉 영어 내신만 보고 선발해서 학생들의 타과목 경쟁력은 저하했지만, 학교의 경쟁력으로 이런 열세를 극복한 것이다. 어느 학교에 가야 하는지를 시사하는 대목이다.

2020학년도 서울대 등록자를 고교 유형별로 분석해보면 외고, 국제고, 자사고의 강세와 과학고, 영재학교의 약세, N수생의 강세로 요약할 수 있다. 구체적으로 학교유형별 실적을 살펴보면 다음과 같다.

1. 일반고 : 55%(1,836명), 작년 대비 4명 감소, 수시 39.6%, 정시 15.4%

2. 자사고 : 15.7%(524명), 작년 대비 4명 증가, 수시 9.1%, 정시 6.6%

3. 외고 : 8.8%(294명), 작년 대비 25명 증가(수시에서 증가함), 수시 6.8%, 정시 2%

4. 영재학교 : 8.4%(282명), 작년 대비 11명 감소, 수시 7.9%, 정시 0.6%

5. 과학고 : 3.7%(123명), 작년 대비 19명 감소, 수시 3.5%, 정시 5
명 0.1%

6. 국제고 : 1.5%(51명)~작년 대비 7명 증가, 수시 40명(1.2%), 정
시 11명(0.3%)

7. 예고·체고 182명(5.4%), 특성화고 11명(0.3%), 검정고시 33명
(1%), 기타(해외고 등) 5명(0.1%)

8. N수생 : 총등록자 중 비중은 20.3%, 정시에서의 비중 59.4%,
수시에서의 비중 6.5%

이는 외고, 국제고가 학생부종합전형에 대비를 잘해서 수시에 강
세를 보이며 일어난 현상으로 볼 수 있다. 영재학교, 과학고도 수시
대비가 잘되어 있는 학교이지만, 수시에 집중하는 학교들이 나타나
면서 일정 부분 잠식당한 것으로 볼 수 있다. 이런 현상이 지속될지
는 좀 더 지켜보아야겠지만, 정시 비중이 늘어나면 영재학교나 과학
고에는 별로 득이 되지 않을 것은 분명해 보인다.

의학계열 입시,
어떤 고교가 유리할까?

　2021학년도에 의학전문대학원을 제외한 전국 38개 의대 정원 내 학부 모집인원은 2,977명으로, 2022학년도 400명이 더해지면 3,400여 명 규모로 확대된다. 정부는 2022학년부터 의대 정원을 매년 400명씩 10년간 총 4,000명 확대할 예정이다. 현 고2가 대입을 치르는 2022학년부터 14년간 3,058명을 유지했던 의대 정원이 3,458명으로 확대되는 것이다.

　추가 확보하는 4,000명 중 3,000명은 지방 중증·필수의료 공백 해소를 위한 지역의사로 선발한다. 전액 장학금을 받지만, 의무사항을 이행하지 않으면 장학금을 환수하고 면허도 취소한다. 나머지 1,000 명은 역학조사관·중증외상·소아외과 등 특수분야 의사 500명, 기초 과학 및 제약·바이오 등 응용 분야 연구인력 500명으로 양성한다.

2021학년도 입학전형을 보면 학생부종합전형 30.3%, 학생부교과 전형 24.5%, 논술전형 6.6%, 정시 37.9%로 구성되어 있다. 여전히 학 생부종합전형은 30%대이지만, 논술전형은 점차 축소되는 경향이라 학생부교과전형이나 정시 비중이 늘어날 것으로 보인다.

2022학년부터 6년제 학부 모집으로 복귀하는 약대도 자연계열 입 시의 최대 변수이다. 약대는 전국 37개 약대 중 6년제 전환이 유력한 34개 약대 기준 1,583명을 2022학년도부터 선발하게 된다. 전환을 추 진 중이던 강원대는 2023년 전환을 재추진한다는 계획이다. 서울 소 재 약대들은 한의대보다 합격선이 높아질 것으로 보이며, 지방 소재 약대는 한의대와 비슷할 것으로 전망된다.

수의과대학도 근래 인기가 치솟고 있어서 해마다 입시 성적이 올 라가고 있다. 서울대와 건국대를 제외한 8개 대학이 지역 거점 국립 대이므로 지역인재육성에 따라 수의예과 모집도 지역인재전형을 추 가하고 있다. 학령인구는 감소하고 지역 대상 선발은 늘고 있어서 지 역의 고등학교에 다니는 학생에게는 좋은 소식이라고 할 수 있다.

자연계 최상위권 모집정원이 큰 폭으로 확대되면서 의학계열, 자 연계열, 이공계열 학과의 합격선이 하락하는 등 입시 판도에 급격한 변화가 예상된다. 정시 비중 확대로 초·중 단계에서부터 이과 선호 현상은 더욱더 심화될 것으로 보인다.

자연계열 최상위권은 정시를 집중적으로 대비하며 '의치한약수(의과, 치과, 한의과, 약학과, 수의예과)' 진학을 노리는 대입전략을 구사할 수 있을 것이기 때문이다. 의학계열은 수시·정시에서 수능을 요구하는 전형이 대학 전체 모집정원의 80%를 넘어간다. 2021학년도 수시 수능최저기준과 수능 위주 정시 등 수능 성적을 반영해 뽑는 인원은 38개 대학 총모집인원의 86.8%(2,583명)에 달했다.

전국 의대 평균 48.9%는 수시에서 수능최저기준을 요구하고 있고, 정시 선발 비중은 37.9%로 높아 수능 학습이 매우 중요하다. 이런 면이 서울 지역이나 지방의 교육특구에 있는 일반고에 관한 관심이 더 커지는 요인이 되고 있다.

우수자원이 상당수 의대나 약대로 진학할 것으로 예상되면서, 최상위권 대학의 이공계열 학과의 합격선이 내려가는 효과가 발생할 것이다. 2024학년도 입시부터는 본격적으로 의대 정원 확대 효과가 나올 것이며 상위권 학생들의 이공계열 집중 현상도 더 심화될 것이다. 결론적으로 중상위권의 학생들이 상위권 대학의 이공계열 진학하기는 보다 더 수월해질 것으로 보인다.

학부모나 학생들이 의학계열을 포함한 이공계열 진학으로 집중하는 현상이 나타나면, 외고나 국제고를 지망하려는 학생들에게까지 영향을 미칠 수 있다. 대입에서 의약계열이라는 거대 블랙홀이 생겨

난 것이다. 그렇다면 의약계열에 진학하려면 어떤 유형의 고등학교가 유리할까?

첫째, 지역 내신이 쉬운 학교가 유리하다. 2021학년도 입시에서 '의치한의' 수시 비중은 61.9%에 달했다. 정시 비중이 정부의 40% 가이드라인에서 올라갈 가능성은 희박한 반면, 학생부교과전형과 학생부종합전형 비중은 올라갈 여지가 있다.

학종도 결국은 내신이 높으면 유리하다. 학종은 세특(세부능력, 특기사항)에 좌우되지만, 과목의 편성보다는 과목에 대한 적극성과 우수성이 중요하므로 최상위권 학생들로서는 내신이 높으면 유리한 것이다. 거주 지역에서 유명한 자사고보다는 오히려 일반고가 유리할 수 있다. 그 지역 주변에 좋은 학원이 많으면 더욱더 좋을 것이다.

둘째, 내신은 지역의 유명 일반고나 전국권 자사고보다는 쉽지만 나름대로 우수 학생들이 있고 심화 과목이나 전문 과목이 잘 편성된 커리큘럼을 가지고 있는 지방의 전국권 자사고나 일반고가 유리하다. 이들 학교군은 정원의 30%를 선발해야 하는 지역인재전형이 차후에 의무 규정화가 될 가능성이 있으므로 서울 지역의 일반고보다 여러모로 유리하다. 학생부교과전형, 학생부종합전형 양쪽을 다 공략해볼 수 있다. 대표적인 학교군으로 농어촌 자율고와 전국권 자사고가 있고 그중 저평가된 김천고와 북일고를 들 수 있다.

셋째, 전국권 자사고가 유리하다. 전국권 자사고는 2025년에 폐지가 예정되어 있지만 2024년까지는 신입생을 선발할 수 있다. 전국권 자사고의 특징은 다양한 진로 및 전문 교과목 편성과 학업 분위기를 들 수 있다. 전국의 우수한 학생들만 있기 때문에 학습 분위기가 좋고 이런 환경은 자연히 우수한 수능 성적으로 연결될 수 있다.

심화·전문 교과목 편성으로 학생부종합전형에도 유리하다. 그러나 중학교 때부터 주요 과목의 심화학습이 되어 있어야 이같은 우수한 교과목을 선택할 수 있다. 지방 소재인 관계로 지역인재전형과 지역 필수의료인력전형의 혜택을 볼 수 있다. 단 우수한 학생이 많은 관계로 학생부교과전형에서 불리한 것은 어쩔 수 없다.

중학생 자녀를 둔 부모라면 위의 3개 학교군에의 진학을 고려해보 길 권한다. 입시에서 겉모습은 필요 없다. 내실이 중요하다.

인기 상승 수의대,
성공률 높은 입시 전략은?

요즘 수의대가 뜨고 있다. 2020학년도 대입 결과를 보면 학령인구 감소에도 수의대 입시 경쟁률은 상승했다. 2020학년도 전국 수의대 일반전형 경쟁률은 평균 '10.27:1'로 2019학년도 '9.05:1'보다 올랐다. 우리나라에 개설된 수의과대학은 총 10곳으로 서울대, 건국대, 경북대, 전남대, 충남대, 충북대, 강원대, 전북대, 경상대, 제주대이다. 이중 사립대학은 건국대가 유일하며 나머지는 국립대학이다.

펫 산업 시장은 2012년 9,000억 원 규모에서 2015년 1조 8,000억

원, 2020년 5조 8,000억 원 수준으로 커졌고 동물병원의 수의사 전문직 선호도도 높다. 이제 의치한이 아닌 '의치한수'로 부를 정도로 경쟁률과 합격선이 높아진 것이 현실이다.

2021학년도 수의예과의 특징은 크게 다섯 가지이다. 첫째, 학생부교과전형에서는 모든 대학이 수능최저학력기준을 적용한다. 둘째, 학생부종합전형에서는 서울대(지역균형선발), 전북대, 충남대, 충북대(학생부종합전형Ⅱ)에서 수능최저학력기준을 적용하지 않는다. 셋째, 건국대, 경북대는 논술전형을 실시한다. 넷째, 정시에서는 서울대와 충남대가 영어를 감산하며 전남대와 전북대가 영어를 가산한다. 다섯째, 수시와 정시 비율에서 수시 비율이 압도적으로 높다.

2021학년도 수의예과 전형별 선발 인원을 보면 수시모집에서 총 314명(학생부교과전형 161명, 학생부종합전형 130명, 논술전형 23명)인 반면에 정시모집에서는 총 182명(수능위주전형)을 선발한다. 정시보다 수시 모집 비율이 64.2%에 달할 정도로 비중이 높다.

특히 학생부교과전형 선발 인원이 많은 것이 특징이다. 수능최저기준 미적용 대학은 건국대, 경북대, 경상대, 서울대 일반, 전남대, 제주대, 충북대 학생부종합전형(Ⅰ)으로 전년도와 변화는 없다.

그 밖에 수능최저기준이 변화된 대학은 전북대와 충북대 2곳이다. 전북대는 2020학년도에 국, 수(가), 영, 과(2) 4개 합 8등급이었지만, 2021학년도에는 국, 수(가), 영, 과(2) 중 수(가) 포함 3개 합 8등급을 적용한다. 충북대는 2020학년도에 국, 수(가), 영, 과(2) 중 수(가) 포함 3개 합 9등급이었지만 2021학년도에는 국, 수(가), 영, 과(2) 중 3개 합 9등급을 적용한다.

의예과와 비교하면 수의학과는 수능최저기준이 낮게 설정되어 있다. 의예과는 4개 영역 등급 합이 5가 주를 이루는 반면에 수의예과는 주로 3개 영역 등급 합이 6~7이 주를 이룬다.

학종 모집을 실시하는 9개 대학 중 5곳이 수능최저기준이 없는 전형만으로 학생을 선발한다. 즉 수의과대학은 수능에 자신이 없고 내신 성적이 좋고 학교활동이 우수한 학생에게 유리한 학교인 것이다.

수의과대학은 의대와 마찬가지로 지역인재전형을 적용한다. 서울, 수도권의 유명 일반고나 유명 전국권 자사고에서 정시로 가는 방법도 있지만, 2020학년도 정시 결과를 보면 합격선은 자연계열 상위누적 기준 1.0~3.5%에 이를 정도로 높다.

차라리 정시보다는 서울, 수도권의 일반고에서 최우수 내신을 획득하거나 지방의 전국권 자사고 중 그래도 내신이 쉬운 학교에서 학생부교과전형, 학종과 정시를 기대하는 전략이 나아 보인다. 수의과대학을 원하는 학생들은 지방의 농어촌 자율고 또는 내신이 상대적으로 약한 전국권 자사고에 진학하는 것이 좋다.

폭풍의 핵 약대, 성공률 높은 입시 전략은?

2020년 현재 약대는 2009년 도입된 2+4년제이다. 약대 진학을 희망하는 학생은 다른 학부(학과)로 입학해 최소 2년간 기초·교양교육을 이수해야 하며 PEET(약학대학입문자격시험) 응시가 필수이다. 대학별 입학전형을 거쳐 합격하면 4년의 전공 교육과정을 거친 후 약사시험에 합격하면 면허를 취득하게 된다.

2+4년제는 매년 공학계열과 화학·생명과학계열 학생들의 이탈 현상과 과도한 사교육을 유발한다는 지적이 이어졌다. 결국 2022학년

부터 현행 2+4년제와 통합 6년제 중에서 학제 선택이 가능하도록 제도가 개편됐다.

2022학년도 대입부터 6년제 약대 학부 입시의 막이 오른다. 한국대학교육협의회가 4월 29일 발표한 '2022학년도 대입 전형 시행계획 주요 사항'에 따르면, 전국 32개 약대가 기존 2+4년제에서 6년제로의 전환을 결정했다.

모집인원은 수시 923명, 정시 655명 총 1,578명이다. 약대는 그야말로 타오르고 있는 의대 열풍에 기름을 부은 격이 되었다. 최상위권 여학생 중 상당수는 의대에서 약대로 방향을 전환할 가능성이 높아서 의대에는 못 미치겠지만 합격선이 상당히 올라갈 것으로 보인다. 공대 등 일반 이공계의 합격선이 상대적으로 내려앉으면서 예년 대비 상위권 공대 입학이 쉬워질 것이란 예상이다.

6년제 전환을 확정한 32개 약대의 2022학년도 입학전형 시행계획에 따르면 정원 내 기준 1,473명을 선발하는데 수시 826명(56.1%), 정시 647명(43.9%)의 비율이다. 수시 전형별 모집인원은 학종 361명(24.5%), 교과 411명(27.9%), 논술 54명(3.7%)이다. 정시 모집군별 모집인원은 가군 337명(22.9%), 나군 255명(17.3%), 다군 55명(3.7%)이다.

6년제 전환이 추진되고 있는 것으로 알려진 3개 대학(강원대·목포대·숙명여대)의 160명(2020 모집인원 기준)이 추가되면 선발인원은 1,633명으로 늘어난다. 숙명여대가 80명, 강원대 50명, 목포대 30명 등이다. 2020학년도 기준 숙대는 가군에서 일반전형 60명, 나군에서 일반전형 20명을 선발했다. 강원대는 나군에서만 일반전형 40명과 지역인재전형 10명을 선발하고, 목포대는 가군에서 지역인재전형(고교) 5명과 지역인재전형(대학) 7명, 나군에서 일반전형 18명을 선발했다.

약대가 자연계열 입시에서 선을 보이게 됨에 따라 상위권 학생들이 약대로 빠져나가 주요 대학 공대 등 일반 이공계 학과들의 입학은 상대적으로 쉬워질 것이란 예상도 나온다. 특히 화공생명학과, 생명과학과, 화학과 등 약학전문대학 지원 관련 학과의 점수가 하락할 것이다. 약학대학이 6년제 통합 선발을 실시할 경우, 현재 약학대 지원자가 많은 화공생명공학과, 생명과학과, 화학과 등의 지원자가 감소하여 합격 가능점수가 하락할 가능성이 높다.

상위권 공과대학의 지원자 감소 및 점수 하락 가능성이 높다. 특히 자연계열 상위권 학생들 중 서울 및 수도권 약학대학에 지원하기 어려운 학생들은 지방대 약학과로 지원할 가능성이 매우 높아져 상위권 대학을 중심으로 공학계열의 지원자가 감소하여 합격 점수가 낮아질 가능성이 높다.

최상위권 여학생의 약학대학 선호도가 높아 치의예과, 한의예과, 수의예과 등 다른 의학계열 입시에도 약간의 영향을 미칠 수 있다. 고교 졸업생을 마지막으로 선발했던 2008학년도 약대 입시에서 수도권 소재 상위권 약대(당시는 4년제)의 정시 합격선은 지방 의대 수준과 비슷했다. 즉 서울대, 중앙대, 성대 등 메이저 약대는 지방 의대 수준보다 높아지거나 비슷해질 가능성이 높고, 지방 약대는 수의과

대학보다는 높아질 수 있다.

　지방 소재 약대는 해당 지역 고교 졸업생이 유리해진다. 해당 지역 고등학교 졸업자를 약대 입학정원의 30%(강원·제주권 15%) 이상 선발하기 때문에 지방 소재 상위권 수험생들의 약대 진학이 수월할 것으로 보인다. 지방 소재 농어촌 자율고와 저평가된 전국권 자사고를 주목해야 할 이유이다.

최상위권 대학 인문사회계열, 외고·국제고가 유리하다

"인문계열 대학 진학을 희망하는 학생들도 무조건 내신이 쉬운 일반 고나 지방의 자율고나 전국권 자사고를 가야 하나요?"라고 물어보는 학부모가 많다. 대답은 "아니오."이다. 아직도 인문사회계열을 지망하는 학생들에게는 외고나 국제고가 정답이다. 그 이유는 다음과 같다.

첫째, 내신 성적 산출에 유리하다. 일반고나 자사고에는 인문계열 보다 이공계열 학생 수가 더 많아서 내신 성적 산출에서 불리하다. 그러나 외고나 국제고는 100% 인문계열 지원자만 있다. 내신 성적 산출의 기본인 학생 수가 많으므로 내신 획득에 유리하다.

둘째, 인문계열 지망 학생들이 공통으로 어려워하는 과목이 수학인데, 외고나 국제고에는 외국어를 잘하는 학생은 많지만 수학을 잘하는 학생은 적다. 과학고, 영재고, 전국권 자사고, 유명 일반고에는 수학을 잘하는 학생이 많다. 외고나 국제고는 과목별 비중에서 수학 비중이 높지 않기 때문에 내신 성적 산출 시 유리하다. 학종에서는 자신의 전공과 부합하는 과목의 성적이 중요하다. 가령 상경계열의 학과가 아니면 수학보다는 영어, 사회, 국어 과목의 성적이 더 중요하다. 이런 학과에서는 외국어가 중요한 역할을 하므로 외고가 유리한 것이다.

마지막으로 서울대 인문사회계열의 진학 실적을 보면 외고가 일반고나 전국권 자사고보다 월등히 높다. 서울대 이공계열의 진학 실적을 보면 영재고, 과학고, 전국권 자사고의 비중이 60~70% 이상이다. 전체적인 진학자 수는 영재고, 과학고나 전국권 자사고가 많지만, 인문사회계열 진학자 수만 보면 외고가 압도적으로 많다.

많은 학부모가 이제 외고에 갈 필요가 없다고 하는데, 인문사회계열 지망자에게는 외고나 국제고만큼 좋은 학습 환경을 갖춘 학교가 없다는 게 내 생각이다. 이공계열이나 의학계열 지망자에게는 영재고, 과학고, 전국권 자사고가 좋은 학교이지만, 인문계열 지망생들에게는 아니다.

입시를 준비하면서도 자신의 계열 성향이 무엇인지를 몰라 고민하는 학생을 많이 봤다. 먼저 자신의 계열 성향을 알아야 자신에게 맞는 학교를 선택할 수 있다. 적성에 맞는 학교와 학과에 들어가야 대입에 성공한 것이라 할 수 있다.

상위권 대학보다 좋은 전문대학, 농협대학교

경기도 고양시에 소재한 농협대학교는 농협(농업협동조합)이 세운 전문대학교로 농협이 자사에서 일할 인재를 육성할 목적으로 설립한 학교이다. 매년 95%가량이 졸업하자마자 바로 취업을 한다. 원하는 지역으로 갈 때까지 기다리지 않는 이상 무조건 취업한다고 알려져 있다. 졸업학점만 채우면 교수 추천으로 갈 수 있다. 고졸은 협동조합산업과에서 3년을 수학하여야 하며 전문대졸 이상자는 협동조합경영과에서 2년을 수학하여야 한다. 2021학년도 전형별 지원자격과 선발방법을 보면 다음과 같다.

1. 일반전형(30명)

1) 지원자격

국내 고등학교 졸업자(2021년 2월 고등학교 졸업예정자 포함), 고등학교 졸업학력 검정고시 합격자 또는 동등 이상의 자격이 있다고 인정된 자로서 2020학년도 대학수학능력시험 응시한 자.

2) 선발방법

가. 1차 합격자는 2021학년도 대입 수학능력시험 성적으로 모집인
원의 5배수를 선발(국어 100+수학 100+영어 100+탐구 100+한국사
40, 영어는 등급별 10점씩 감점, 한국사는 3등급 이상 만점).

나. 최종 합격자는 1차 합격자를 대상으로 면접을 실시하여 1차 점
수(70%)와 면접 성적(30%)으로 선발.

2. 농촌인재특별전형(28명)

1) 지원자격

국내 고등학교를 졸업(2020년 2월 고등학교 졸업예정자 포함)하고 농
협법에 의거 설립된 조합의 정조합원 자녀인 자.

※ 특별시와 광역시 소재 고등학교 출신자는 지원 불가(광역시 소재 군 지
역은 가능)

2) 선발방법

가. 1차 합격자는 학교생활기록부[교과 영역+비교과 영역(출석항목)]
성적으로 모집인원의 3배수를 선발(이수 단위와 석차등급이 기재
된 모든 교과목 반영. 1학년 20%, 2학년 30%, 3학년 50%).

나. 최종 합격자는 1차 합격자를 대상으로 면접을 실시하여 1차 점
수(70%)와 면접 성적(30%)으로 선발.

3. 전문대 졸 이상자 특별전형(정원 내 1명, 정원 외 51명)

1) 지원자격

국내 전문대학 또는 4년제 대학 졸업(예정)자, 4년제 대학 2년 이상 수료자로서 70학점 이상을 이수한 자 또는 동등 이상의 학력을 소지한 자.

2) 선발방법

가. 1차 합격자는 전적 대학교 성적(20%)과 논술 성적(80%)으로 3배수를 선발.

※ 논술성적 하위 20% 이하인 경우 1차 합격자 사정에서 불합격 처리.

나. 최종 합격자는 1차 합격자를 대상으로 면접을 실시하여 1차 점수(70%)와 면접 성적(30%)으로 선발.

농협대학교의 특징은 전문대 졸 이상을 위한 특별전형이 있다는 점이다. 요즘 취업 때문에 고민하는 4년제 대학졸업생도 많이 지원하고 있다. 문과대 졸업 이상 특별전형에서는 논술 비중이 크다. 논술 주제도 어렵고 대졸자 응시생이 많다 보니 난이도도 높게 설정되어 있다.

일반전형은 수능 성적으로 따져서 1등급대는 되어야 하는 것으로 알려져 있다. 농협대가 전문대여서 정시 지원카드에 포함되지 않는다는 점도 매력적이다. 일반전형에서는 고득점자가 사관학교 입시처럼 보험용으로 많이 지원하는 관계로 정시에서는 보기 드물게 추가 합격자가 많다. 그러나 상대적으로 특별전형보다는 나은 편이다.

농협대학교는 문과, 이과 구분이 없다. 취업을 최우선으로 생각해 대학 입학 후 임용고시나 공무원 시험을 공부하려는 계획이 있다면, 현역 때 열심히 공부해서 농협대학교에 입학하길 권한다.

의대 진학에 가장 유리한 고등학교는?

7대 농어촌 자율고와 전국권 자사고 중 저평가된 김천고와 북일고

의대 진학 입시 전략!
틈새 학교를 공략하라

　정부는 2022학년도부터 매년 400명씩 의대 정원을 10년간 늘리고, 그중 300명은 지역의사 특별전형으로 선발할 계획이다. 이 전형으로 합격한 학생들은 장학금을 받는 대신 의사 면허 취득 후 10년 동안 해당 대학 소재지의 중증·필수 의료분야에 종사해야 한다. 그런데 이 전형의 도입 취지가 지방 의료 공백을 메우려는 것이어서 늘어나는 의대 정원은 대부분 지방 의대에 배정될 가능성이 높다.

　지방 고교는 지역의사 특별전형뿐만 아니라 지역의 의대가 시행하는 지역인재전형 혜택도 받는다. 지역인재전형은 해당 권역 고교에 입학부터 졸업 또는 졸업 예정인 학생을 대상으로 한다. 그러므로 지방 소재 고교가 의대 진학에 가장 유리할 수 있다.

지방대 육성법 시행령은 강원과 제주는 15%, 나머지 지역은 30%를 지역인재를 통해 모집하도록 구체적인 비율도 제시하고 있다. 지역인재전형의 2021학년도 선발 규모는 684명으로 전체 의대 정원 대비 23%나 된다. 수시에서 551명, 정시에서 133명을 지역인재전형으로 선발한다. 전체 의대 38곳 중 25곳이 수도권 밖에 위치해 있어 지역인재 선발을 할 수 있는 곳이다.

지역인재전형의 장점은 무엇보다 선발인원이 많다는 것이다. 전국 38개 의대가 2021학년도 수시에서 선발하는 인원은 총 1,849명이며, 이중 29.8%에 해당하는 551명이 지역인재전형 선발 대상이다. 정시에서도 11.8%인 133명을 지역인재전형으로 선발한다. 지방 의대가 선발하는 1,942명 가운데 수시가 1,191명, 정시가 751명이다. 지역인재전형을 지방 의대 모집인원과 비교하면, 수시에서는 46.3%로 절반 가까운 인원을 지역인재전형으로 선발한다는 이야기이다.

전체 의대 기준 수시 세부 전형별로 보면, 학생부교과전형에서 모집인원 781명 중 41.7%에 달하는 326명이 지역인재전형이다. 학생부종합전형에서도 지역인재전형의 비중은 924명 중 225명으로 24.4%를 차지한다.

지방 의대 정시에서도 지역인재전형이 차지하는 비율은 17.7%에 달한다. 특히 동아대는 전체 모집인원의 81.6%인 40명을 지역인재로 선발하며, 전북대도 53.2%인 75명을 지역인재로 뽑는다. 그 밖에도 경상대 47.4%, 충남대 44.5%, 원광대 43%, 건양대와 전남대 각 40.8, 2021학년도에도 689명을 지역인재전형으로 선발한다. 지역인재전형을 권역별로 보면 부산·울산·경남 지역이 146명으로 가장 많은 인원을 모집하고, 대구·경북 권역이 112명, 충청권역 89명 순이다.

주의해야 할 점은 호남권 의대의 경우 지역인재전형 자격이 학교별로 각기 다르다는 점이다. 조선대는 광주·전남, 전북대는 전북, 원광대·전남대는 광주·전남·전북을 지원자격 인정 지역으로 본다. 전

2021학년도 의대 전형 유형별 지역인재 선발 규모

구분		지역인재전형		총 모집
		인원	비율	인원
수시	학생부교과전형	326	41.7%	781
	학생부종합전형	225	24.4%	924
	논술	–		144
	소계	551	29.8%	1,849
정시	가군	117	19.4%	602
	나군	10	3.1%	324
	다군	6	3.0%	202
	소계	133	11.8%	1,128
총계		684	23.0%	2,977

북대는 해당 지역 고교를 나오는 것에 더해 입학 때부터 졸업 때까지 전북 지역에 거주할 것도 요구한다. 학생 본인뿐만 아니라 부모 중한 명이 전북 지역에서 거주한 경우에만 지원자격을 부여한다. 다른 지역의 의대는 해당 지역 고교에 입학해 졸업하면 자격이 주어진다.

지역인재전형의 또 다른 장점으로는 경쟁이 덜 치열하다는 점이다. 지역인재전형의 경쟁률은 일반전형 대비 확연히 낮다. 2020학년도 연세대(미래) 학생부종합전형 가운데 지역인재전형이 아닌 교과면접전형이나 학교생활우수자전형은 11.67 대 1, 11.83 대 1의 경쟁률을 기록했다. 지역인재전형인 강원 인재전형 경쟁률은 9.57 대 1로 일반전형 성격을 띤 전형들에 비해 다소 낮았다. 울산대 학생부종합전형도 지역인재전형은 9.5 대 1인 데 반해 일반전형은 17.29 대 1로 경쟁률이 두 배 가까이 차이가 났다. 일반전형이 23.4 대 1의 경쟁률을 보인 데 반해 지역인재전형이 7.27 대 1을 기록한 경북대처럼 3배이상 경쟁률이 낮은 경우도 존재한다.

지역인재전형의 또 다른 장점은 수능최저기준이 일반전형 대비 낮은 경우가 많다는 점이다. 가톨릭관동대는 CKD교과전형은 3개 영역등급 합 4 이내일 것을 요구하지만, 지역인재전형인 지역인재교과전형에서는 3개 영역 등급 합 5 이내를 수능최저기준으로 둔다. 두 전형은 모두 동일한 학생부교과전형이다. 건양대도 일반학생전형에서는 3개 영역 등급 합 3 이내일 것을 요구하지만, 지역인재-최저전형에서는 3개 영역 등급 합 4 이내면 수능최저기준을 충족한 것으로 본다. 전북대도 일반학생전형은 4개 영역 등급 합 5 이내, 지역인재전형은 4개 영역 등급 합 6 이내로 전형에 따라 수능최저기준을 달리 적용한다. 일반학생전형과 지역인재전형에 동일한 수능최저기준을 요구하되 탐구영역 반영 시 일반학생전형은 2과목 평균값을 반영하는 반면, 지역인재전형은 1과목만 반영해 부담을 낮춘 순천향대와 같은 사례도 존재한다. 원광대도 학생부종합전형인 지역인재전형에서는 과탐을 1과목만 반영한다.

지방의 고교에서 어느 정도 내신 성적을 획득한 다음, 수능최저기준만 만족시키면 서울 지역보다 더 쉽게 의대에 진학할 수 있다. 요즘은 지방 의대가 서울공대보다 더 인기가 있으니 당연히 입시 전략에서 고려해야 할 조건이다.

이런 조건에 해당하는 대표적인 고등학교는 지방의 전국권 자사고가 해당된다. 전주의 상산고나 민사고는 우수한 학생이 너무 많이 몰리는 관계로 고내신 획득이 쉽지 않으므로 불리하다. 그다음 그룹이 농어촌 자율고이다. 즉 적당한 숫자의 우수 학생과 학업 분위기 때문에 최상위권이 아닌 학생들은 내신과 수능 양쪽을 다 생각해볼 수 있다. 학생부까지 철저히 관리해주는 학교이면 더할 나위 없이 좋을 것이다.

자율학교는 주로 낙후된 농어촌 지역에 지정되기 때문에 농어촌 자율학교라고도 불린다. '초·중등교육법 시행령'은 교육감이 '농어업인 삶의 질 향상 및 농어촌 지역 개발 촉진에 관한 특별법'에 따른 농어촌학교 등을 자율학교로 지정·운영할 수 있도록 하고 있다.

자율학교의 장점은 자사고처럼 교육과정을 자율적으로 짤 수 있다는 것이다. 자사고와 달리 정부 지원을 받을 수 있어 학비는 일반고와 비슷하다. 농어촌 자율학교의 최대 강점은 전교생 기숙사 체제를 바탕으로 한 완벽한 공교육 시스템이다. 학교 특성상 농촌 지역에 있어 불편한 지리적 여건이 오히려 강점으로 작용하고 있다.

외부 활동에 제한을 받는 만큼 정규 수업 시간은 물론, 방과후 시간까지 학생의 하루 24시간을 관리하면서 물 샐 틈 없는 탄탄한 공교육 체계를 갖췄다. 기숙사 같은 호실에 살며 다져진 끈끈한 선후배, 사제지간에서 우러나오는 다양한 교육 프로그램은 학생부종합전형 중심 대입지형을 만나 빛을 발하고 있다. 사교육 없이 진학 성과를 내면서도 학비는 일반고 수준으로 저렴하다는 점은 농어촌 자율학교의 이점이다. 그리고 학부모들이 가장 중요하다고 생각하는 학업 분위기는 서울 지역의 일반고보다 훨씬 좋다.

대표적인 농어촌 자율고 중 전국 선발 학교로는 공주의 한일고, 공주사대부고, 거창고, 거창대성고, 익산고, 풍산고, 남해해성고, 창녕옥야고, 영양여고 등이 있다. 이중에서도 한일고, 공주사대부고, 거창고, 거창대성고, 풍산고, 남해해성고, 전북익산고는 진학 실적 면에서 TOP 7에 속한다.

2020학년도 서울대 합격자를 보면 공주 한일고가 17명, 공주사대부고가 7명을 기록했다. 전국 선발 7대 농어촌 자율고에서는 기숙사를 운영한다. 우수한 학생들이 모이고 대학 진학 실적도 좋지만, 학비는 일반고 수준이다. 한일고가 연간 850만 원 내외이며, 다른 학교들은 기숙사비 포함해서 연간 550만~650만 원 수준이다. 시쳇말로 가성비가 갑인 학교들이다.

농어촌 자율고는 내신 성적으로만 선발한다는 것이 특징이다. 다른 전국권 자사고처럼 자소서에 기반을 둔 면접이 없다. 그러다 보니 내신 성적 최상위권 학생들만 입학할 수 있다. 공주 한일고나 공주사대부고, 거창고는 내신 1~2%대이고, 풍산고와 거창대성고는 내신 3~4%대이다.

의약계열이 앞으로는 입시에서 핵심으로 떠오를 가능성이 큰 가운데, 전국권 자사고 수준의 농어촌 자율고는 지역인재전형의 적용을 받음으로써 다시 한 번 각광을 받을 것으로 예상된다. 문제는 이들 학교는 내신 성적만으로 선발하기 때문에 중학교 내신관리가 철저해야 한다는 점이다. 최소한 내신 10% 이내에는 들 수 있어야 지원할 수 있다는 점을 꼭 기억해두자.

농어촌 자율고와 더불어 주목해야 할 학교는 전국권 자사고 중 향후 좋은 실적이 예상되는 김천고와 북일고이다. 지역인재전형 선발인원 중 대구·경북 권역이 112명, 충청권역은 89명에 달한다. 김천고는 대구·경북 권역이며 북일고는 충청권역이다. 이 두 학교는 학교재단의 튼튼한 지원과 우수한 교과 프로그램, 선별된 학생들이 다니고 있다. 지역인재전형을 잘 활용하면 의대 입시에서 좋은 성적이

나올 수밖에 없는 구조인 것이다. 상산고나 민사고도 좋지만 이런 틈새 학교를 적극적으로 공략해도 좋을 것이다.

이번 장에서는 농어촌 자율고 7곳과 전국권 자사고 2곳의 학교별 특징을 알아보겠다.

충청의 명문
한일고와 공주사대부고

공주에 전국적으로 유명한 2대 명문고가 있으니 한일고와 공주사대부고이다. 예전부터 수능 성적으로만 따지면 항상 전국 TOP 5에 올랐던 명문고이다. 한일고와 공주사대부고는 충청권 지역인재전형을 활용할 수 있는 학교이다.

한일고의 특징은 완벽한 격리 생활이다. 시내에서 멀리 떨어진 산 좋고 물 좋은 곳에서 공부하고 수업이 끝난 후에는 학교 내에 있는 기숙사에서 생활하기 때문에 사교육을 받고 싶어도 받을 수 없다. 학교 근처 편의점에 가려면 20분을 걸어가야 할 정도이니 자연히 학교 생활에 집중할 수밖에 없다.

한일고에 입학하는 학생은 독립심이 있고 자기 주도 학습이 가능해야 한다. 한일고는 교복, 교문, 공해가 없는 '3무 학교'라 불린다. 공부 외에는 달리 오락거리가 없다는 말이 맞는 표현일 것이다. 특별히 금지된 품목은 휴대전화이다. 노트북 컴퓨터나 TV처럼 학생들의 주위를 산만하게 할 수 있는 기기도 금지이다.

상산고와 비슷하게 수학을 중시하는 학풍이 있는 한일고는 이공계열이나 의학계열 진학자를 다수 배출하는 이과계열이 강한 명문고이다. 또 경찰대와 사관학교에 강한 학교이기도 하다.

공주대학교 사범대학 부설고등학교는 국내 유일의 농어촌 지역 국립 자율학교이다. 1956년에 공주대학교 학생들의 교생실습을 위해 개교했으며 2008년에 자율학교로 지정되고 2010년부터 전국단위 모집을 시작했다. 전 학년 3학년이고, 학년당 남학생 4학급, 여학생 2학급 총 18학급으로 운영된다. 전통적으로 이과계열 성향이 강한 학교이며 의학계열도 매년 30명 정도 합격자가 나온다.

2019년 서울대 등록자 수는 총 17명이었으며 정시 10명, 수시 7명이었다. 한일고와는 충남 지역에서 훌륭한 선의의 라이벌 관계를 유지하고 있다. 학업 성적 등 다른 면에서는 다 훌륭하나 국립이다 보니 기숙사가 아직 6인 1실 체제를 유지하고 있고 다른 전국권 자사고와 비교하면 시설 면에서는 조금 낡은 편이다.

위의 두 학교는 사실 전국권 자사고 학교 중에서도 상위권이라 할 수 있다. 분류만 일반고이지 교육과정, 운영, 진학 실적 면에서는 전국 상위권에 속한다. 전국권 자사고와 다른 점은 선발에서 자기소개서 제출과 면접이 없다는 점뿐이다. 그래서 내신 성적이 좋은 학생들에겐 진학하기에는 아주 좋은 학교이다.

강남이나 목동에서는 이 정도의 내신 성적을 가진 학생들이 극소수이며 대부분 영재고, 과학고 등으로 진학한다. 내신 성적을 고려할 때 비강남, 비목동 지역의 학생들이 진학하기에 좋으니 적극적으로 진학을 생각해보길 바란다.

경남의 명문 거창고와 거창대성고, 경북의 명문 안동풍산고

    거창고는 기독교 정신을 바탕으로 한 인성교육과 수준별 학습 지도를 통한 입시교육을 양립한 덕에 자율학교 성공 모델을 논할 때 빠지지 않는 학교이다. 교문은 물론 울타리도 없는 거창고에 매년 40여 개 이상 학교와 단체들이 벤치마킹을 위해 드나든다.

    거창고는 뚜렷한 대입 실적보다 인성교육으로 더 유명하다. '월급이 적은 쪽을 택하라.', '내가 원하는 곳이 아니라 나를 필요로 하는 곳을 택하라.', '부모나 아내가 결사 반대하는 곳이면 틀림없다. 의심

치 말고 가라.' 등 거창고가 내건 직업 선택 10계명은 거창고만큼이나 유명하다. 인성을 갖추면 실력은 저절로 따라온다는 전인교육의 대표주자라 할 만하다.

개교 초기인 1950년대 당시 전영창 교장이 교육 여건이 취약한 시골 학교를 살리려는 방편으로 미국식 교육제도를 도입했다. 당시로서는 생소했던 남녀공학과 수준별 이동 수업의 시초이다. 원어민 영어회화와 원서 읽기 지도, 영어 수준별 이동 수업은 현재까지 이어지고 있다. 방학 기간을 통해 선택제 계절학교를 운영하기도 한다.

거창대성고는 거창고와 함께 거창의 양대 명문고로 꼽힌다. 뛰어난 진학 실적 때문에 전국에서 학생들이 찾아온다. 거창고는 남녀공학이지만 거창대성고는 남고이다. 특징적인 교육 프로그램으로는 교양 교육 중심인 '대성 아카데미', 축제와 음악회 체육대회 등 '즐거운 학교', 전교생이 4대 명산을 등반하는 '극기훈련' 등이 있다.

대성 아카데미는 1997년부터 무려 20년 가까이 진행 중이다. 명사 초청 강연, 각종 문화예술단체 초청 공연은 물론 연중 수시로 주요 대학교수와 입시전문가를 초빙해 학생들의 진로설계와 자기 주도 학습에 도움을 줄 수 있는 프로그램을 운영한다.

영어 전용 교실로 교과교실제를 운용하며 의사소통 중심의 영어 교육도 눈여겨볼 만하다. 영어 전용 교실을 상시 개방해 영화, 영어 듣기, 팝송 감상, 외국문화 이해 등 요일별로 다양한 프로그램을 제공하고 있다.

체력단련과 인성도 소홀히 하지 않는다. 지리산, 가야산, 속리산 등 국내 주요 명산을 등반하는 극기훈련으로 강한 정신력과 협동심도 기를 수 있다.

안동풍산고의 재단은 주화를 제조하는 풍산금속이다. 재단에서 연간 20억 원 내외의 투자를 하고 있다 보니 타 자율학교에 비해 재정적으로는 여유가 있다. 병산교육재단의 전폭적인 지원으로 전교생의 70%가 장학 혜택 또는 학비 감면을 받을 수 있다. 교사의 업무 능력 향상 워크숍, 연수비 등을 지원한다.

자율적이고 자립적인 생활 태도를 바탕으로 학생들의 진로를 고려한 맞춤형 선택 교육과정 운영을 목표로 한다. 학생 전원 기숙사 생활을 하고, 전교생 모두 도서관 1인 1 좌석제를 통해 자기 주도 학습을 돕는다. 성적뿐만 아니라 인문학 특강, 예체능 분야 1인 2특기 교육, 동아리활동, 선비정신 및 민족정신 함양교육, 봉사활동, 농심 체험 등을 통해 지덕체를 갖춘 인재를 양성한다.

세계 지도자 양성을 목표로 다른 국가의 고교와 교류하기도 한다. 영어·중국어 회화 수업, 정규 영어 시간에 에세이 작성 등을 통해 학생들의 외국대학 진학을 돕는다.

경남의 명문 남해해성고, 전북의 명문 익산고

남해해성고 재단은 근방 힐튼 남해골프·리조트 등을 보유한 에머슨퍼시픽 그룹이다. '사교육 없는 학교'를 구현한 교육 프로그램은 전적으로 교사들의 노력으로 만들어졌다. 교사와 학생 간 유대를 강화하며 학교의 문화로 자리 잡은 '해성 멘토링'은 물론 인성 함양과 협동심 강화를 위한 '해성 농장 및 텃밭 가꾸기'와 '지역 문화 체험' 등 특색 있는 교육 프로그램도 학생들로부터 큰 호응을 얻고 있다.

'해성 인증제'를 통한 자기계발, 방과후 심화 교육과정 운영 등을 제공해 학생과 교사가 전문성 함양을 위한 깊이 있는 탐구도 가능하다.

학업 역량 위주의 프로그램도 충실히 마련돼 있다. 인문국어, 인문사회, 자연과학의 3개 영역으로 구분해 실시하는 과제연구는 교과서에 담긴 지식을 넘어 학생 스스로 질문하고 해답을 찾도록 함으로써 자기 주도적으로 학습하는 창의적인 인재를 양성하는 기폭제이다. 과제연구를 통해 쌓아 올린 학업 역량은 교내 학술제를 통해 더욱 구체화한다.

특히 2020년도에는 휘문고 교감 출신인 공교육 대입 전문가로 꼽히는 신종찬 교감을 교장으로 영입했다. 전국구로 명성이 높은 광역자사고인 휘문고에서 진학부장을 거쳐 교감까지 맡은 인물이다. 공교육 현장 최전선에서 쌓은 진학지도 노하우와 상담사례가 남해해성고로 고스란히 이식될 것으로 기대된다.

전북익산고는 전원 기숙사 생활을 하는 학교로 정규 수업 후에는 현대식 생활관에서 체계적인 프로그램으로 전담 사감교사와 다수의 지도교사가 학생들의 자기 주도 학습 및 생활을 돕고 있다. 2018학년도에는 수능 만점자를 배출하기도 했다.

2009년부터 100억여 원을 투자해 교육시설을 현대화하였으며, 장학생들에게는 수업료 및 학교운영지원비, 독서 논술과 심화 특강료 등을 지원하고 있다. 인성·지성·창의성을 지닌 글로벌 인재육성을 위한 일환으로 인문학 강좌를 실시하고 있으며 진로 탐색을 위한 전문가 강연, 수학·과학 인성 프로그램, 과제 탐구 등을 운영하고 있다.

대입과 관련해 성적 및 진학 관리 프로그램을 활용하여 담임과 전담교사에 의해 1:1 맞춤형으로 성적 관리와 진학 관리 및 입시지도를 하고 있다. 학생들이 가진 무한한 가능성을 발견하여 생활기록부에 기재할 수 있는 특화된 진학 시스템을 운영하고 있다.

자율학교로서는 특이하게 자기 주도 학습 전형으로 선발하고 있다. 2020학년도 선발 전형은 1단계에서 중학교 내신 성적으로 모집 인원의 150%를 선발했으며, 2단계에서는 1단계 내신 성적(총점 70점)과 2단계 면접(총점 30점)을 합하여 최종 합격자를 선발(총점 100점 만점)했다.

저평가된 전국권 자사고
김천고와 북일고

　김천고와 북일고는 전국권 자사고이지만 아직 많이 알려지지 않은 학교이다. 두 학교는 교육 프로그램이 우수한 데다 의대 정원 확대와 지역인재전형의 활성화로 가장 혜택을 많이 받을 게 틀림없다. 특히 두 학교는 학생부종합전형에 유리하므로 수능 대비만 학교에서 잘한다면 의약계열 진학에서 큰 실적을 거둘 수 있다.

　김천고는 1931년 최송설당(崔松雪堂) 여사가 일제에 대항하기 위해 전 재산을 희사하여 재단법인 송설학원을 설립하고 김천고등보통학교를 개교하여 오늘날에 이르렀다. 1943년 일제의 탄압에 의해 김천중학교로 개칭되고 공립학교로 강제 전환되었으나, 1951년 다시 김천고등보통학교로 전환되어 현재에 이른다. 2009년 전국단위 자율형사립고로 지정되어 2010년부터 전국에서 신입생을 받고 있다.

2020학년도 김천고 면접 문항

공통 문제 1

칸트의 인격체에 관한 정의가 주어짐.
muzero와 같은 인공지능이 지식의 영역을 모든 범위로 확장해 학습할 경우 인공지능을 인격체라고 할 수 있을까?

공통 문제 2

4차 산업혁명 시대를 이끌어 나가는 데 필요한 두 가지 인재상을 소개하고 그 이유를 설명하라.
또한 본인이 학교생활에서 제시한 인재상에 부합하는 사람이 되기 위해 어떤 노력을 했는가?

개별 문제

1. 탐구하며 심화학습을 했다는데 예를 들어보라.
2. 좋아하는 책 장르와 기억에 남는 책 그리고 이유는?
3. 중학교 때 공부법을 고등학교 때 어떻게 적용할 것인가?
4. 서울과 달리 김천에서는 사교육을 많이 못 받을 텐데 어떻게 할 것인가?
5. 최근에 가장 감명 깊게 읽었던 책과 그 줄거리를 말해보라.
6. 생활기록부에서 2학년 때 도덕 시간에서 가치를 배웠는데 지원자가 가장 중요시하는 가치는?
7. 공부일기와 다른 플래너와의 차이점은?

2020학년도에도 서울대 합격자가 재수생 포함하여 총 7명(수시 4명, 정시 3명)으로 좋은 실적을 거두었다. 김천고는 소위 말하는 전국에서 손꼽히는 유명 학교가 아니다. 그러나 서울대 갈 실력이 안 되는 학생들을 뽑아 서울대에 가게 해주는 신통한 학교로 알려져 있다.

2020학년도에는 일반전형 총 188명을 선발할 예정이며, 전국단위(경북 제외) 99명, 경북 지역 89명을 모집한다. 1단계 전형에서는 내신으로 2배수를 선발한다. 국어·영어·수학 중 2개 과목, 사회·과학 중 1개 과목을 선택할 수 있어 내신에 대한 부담이 적은 것이 특징이다.

북일고는 충청남도 천안시에 있는 자율형 사립 고등학교로 원래는 일반고였다가 2010년부터 자사고로 전환했다. 야구로 널리 알려진 학교이다. 2018학년도까지는 해외대학 진학을 목표로 하는 국제과를 운영하였는데, 2019학년도부터는 폐지하고 일반과정, 국내대학 진학생만 모집하고 있다. 2020학년도에 서울대에 수시 11명, 정시로 2명 총 13명이 진학하는 놀라운 실적을 거두었다.

학교용지가 10만 평에 달하며 재단전입금이 30억 원 이상인 것으로 알려져 있다. 한화그룹의 계열 학교이다 보니 한화연구소 등과 R&E가 활발히 이루어져서 수시모집에서 학생부종합전형으로 많이 진학시키고 있다. 또한 대학과 연계해서 학기 중에는 주말, 방학 중에는 평일을 이용해 대학교수와 함께하는 프로젝트 연구 및 논문 작성을 실시하고 있다. 해당 주제에 대한 심층 학습 및 고급 실험을 통해 성과 있는 결과물들을 도출시키고 있다.

'1인 1요 1체 프로그램'을 운영해 주 1~2회는 1인 1예술 1체육 방과후 학교활동을 필수로 참여해야 한다. 요즘 학생부종합전형의 핵심인 전문교과에 대한 심화 과목을 이수할 수 있도록 프로그램을 운영하고 있다. 인문계는 국제고, 외국어고의 심화 과목을 자연계는 과학 영재학교 및 과학고의 심화 과목을 이수할 수 있도록 교과목을 편성해놓고 있다.

이공계 진학의 명문
한국디지털미디어고

"특목고보다 좋은 특성화고나 마이스터고가 있을까요?"라고 묻는 학부모가 많다. 한국디지털미디어고는 확실히 대학 진학이나 향후 장래 안정성에서 특목고만큼이나 좋을 수 있다.

한국디지털미디어고는 정보통신 분야 특성화고로 졸업생 80% 이상이 서울권 주요 대학에 진학한다. 전문계열로 분류되지만, 수학·영어 소양과 컴퓨터 관련 학문을 중점적으로 다루는 특성상 일반 전문계 고등학교와는 다르다. 정보기술·소프트웨어 분야 특성화 교육과 더불어 입시 과목 위주의 학력 신장 교육을 고루 추구한다.

이 학교의 특징을 한마디로 말하자면 '특성화고의 모습을 한 자사고'라고 할 수 있다. 전국에서 학생을 선발하며 기숙사도 운영하고 있어 여타의 전국 선발 자사고와 별다른 바가 없다. 학교 유형은 특성화고로 되어 있지만, 실제로는 취업보다 진학에 더 관심을 기울이고 교과편성도 진학 중심으로 운영하는 학교라는 의미이다. 따라서 취업을 생각하는 학생은 다른 특성화고를 찾아보는 것이 낫다.

전교생 남녀 비율은 7:3 정도로 남학생이 많다. e비즈니스과와 디지털 콘텐츠과는 4:6 정도로 여학생이 많으며, 웹 프로그래밍과와 해킹 방어과는 8:2 정도로 남학생이 많다.

2019년 10월 현재 분기당(3개월) 수업료는 112만 6,000원, 학교운영지원비 15만 원, 기숙사비 34만 1,000원, 급식비는 조식·석식 4,700원이다(중식은 무상급식). 그 밖에 방과후 학교비용은 학기당 20만 원 내외이다.

정규 일과(월~금요일) 시간에는 학원 수강이나 개인 교습은 허용되지 않는다. 정규 수업과 방과후 수업이 있는 주중(월~금요일)에는 불가능하다. 주중에는 본인의 희망이나 필요에 따라 교내 실습실 및 교실에서 온라인 강의를 수강할 수 있다. 하지만 모든 일과가 끝나는 토요일 오후와 일요일에는 필요하다면 본인의 희망에 따라 학교 밖 학원 수강이 가능하다.

모집 학과는 총 4개 학과이다. e비즈니스과는 '인터넷을 통한 소규모 창업'을 목표로 하는 학과이다. IT뿐만 아니라 경영에 필요한 지식을 습득하는 과이다.

디지털 콘텐츠과는 '다양한 콘텐츠의 유통'을 목표로 하는 과이다. 그래픽, 디자인뿐만 아니라 경영에 필요한 지식을 습득하는 과이다.

웹 프로그래밍과는 '프로그래밍 코드 생산'을 목표로 한다. 컴퓨터 공학과와 가장 비슷한 과이다. 웹페이지 제작, 프로그래밍 코드 생산 등을 주로 준비한다.

가장 인기 있는 해킹 방어과는 '정보통신기술의 연장선상인 해킹 방어'를 목표로 하고 있다. 컴퓨터의 최상위 기술을 배움으로써 더욱 빠르게 해킹의 전문 영역까지 진입하는 것을 목표로 한다.

일반전형은 교과 성적(국어, 영어, 수학) 100%를 채점 기준으로 하고 있고, 총점 200점 만점이다. 1단계에서 교과 성적 150점, 학생부종합 전형평가 20점으로 선발한 다음, 2단계에서 면접을 시행하며 30점을 채점 기준으로 하고 있다.

일반전형의 경우 대략 상위 10% 이내여야 합격선인 것으로 알려져 있다. 교과점수 150점을 기준으로 일반전형 최종 합격선은 130~135 점이다. 특별전형은 '대회입상·자기 추천자 부문'과 '창업특기자 부문'으로 나뉘며, 각각 60명과 18명을 선발한다.

대회입상·자기 추천자 부문은 학교에서 인정하는 대회에 출전하여 입상 실적이 있거나 지원하고자 하는 학과와 관련된 활동을 통해 나온 결과물(실적물)이 있어야 하며, 창업특기자 부문은 창업과 관련한 활동 또는 창업 계획 등이 있어야 지원할 수 있다.

특별전형은 '중학교 2·3학년 국·영·수 3과목 내신 성적(40점) + 학교생활기록부 종합평가(20점) + 면접(40점) + 활동 증빙자료(40점) + 자기소개서(20점)(창업 특기자전형의 경우 창업 계획서 20점으로 대체) + 소질·적성검사(40점)'로 합격자를 선발한다.

대회입상 부문에서 인정하는 대회는 '전국 중학생 IT 올림피아드', '전국 청소년 모의 해킹 대회', '한국정보올림피아드(KOI)', '대한민국 청소년 창업경진대회(YEEP)'이다.

　전국권 자사고에 가기는 힘들고 일반고는 가기 싫은 학생 중에서 이공계열 학과 진학을 희망하는 학생들에게 적극적으로 추천한다.

일반고 진학도 전략적으로 하라

일반고 진학으로 입시에서 성공하는 방법

입시 첫걸음,
책과 동영상 강의로 계열 성향 찾기

일반고에 진학하는 아이를 둔 학부모들은 이래저래 걱정이 많다. 학습 분위기와 진학 실적이 좋은 학교는 공부 잘하는 학생이 많아서 내신이 안 나올까 걱정이다. 그렇다고 상대적으로 내신 관리가 쉬운 학교로 가자니 학습 분위기가 안 좋아 수능 성적이 안 나올까 걱정이다.

어느 학교에 가면 좋을지는 아이의 장점을 보면 답이 나온다. 입시 연구소에 컨설팅하러 방문하는 학부모들을 만나보면 엄마보다는 아빠가 아이의 학습 수준을 객관적으로 파악하는 것 같다. 엄마들은 희망적으로 아이를 평가하다 보니 약간 과대평가하는 면이 있다. 과대평가가 꼭 나쁘다고 생각하지는 않는다. 아이가 중3이나 고1 정도라면 너무 객관적인 평가보다는 과대평가하는 편이 학습 성장 측면에서는 더 유리하다고 생각한다.

2024학년도 대학입시를 기점으로 정시 비중이 제일 높아지고 그다음으로 학생부종합전형의 비중이 높아질 것이다. 정시가 40%대이면 학생부종합전형은 30%대를 유지한다. 논술전형이 점차 사라지면 수시는 크게 학생부종합전형, 학생부교과전형, 정시로 삼분될 것이다.

여기서 주목해야 하는 것은 여전히 학생부종합전형의 비중이 30%대에 이른다는 사실이다. 3분의 1을 차지하는 전형을 포기한다는 것은 너무나 비합리적이다. 학교 내신만 보는 학생부교과전형으로 최상위권 대학을 진학하는 전략보다는, 수시는 학생부종합전형을 택하고 안될 경우 정시로 가는 게 합리적인 선택일 것이다.

학생부종합전형에서는 자신의 장점을 계발하는 것이 무엇보다 중요하다. 전체 과목의 성적도 중요하지만 자신이 가고 싶은 학과 또는 전공과 관련 있는 교과목의 성적이 특히 더 중요하다. 예를 들어 화학공학과 진학을 희망한다면 수학·화학 과목의 내신, 심화 과목 이수 여부, 교과목 수업을 받는 과정에서 나타나는 전공 적합성의 구체적인 사례 등이 중요하다. 같은 내신 평균 2.0등급이라도 수학과 화학 성적이 뛰어나고 국어나 영어 성적이 좋지 못한 학생이 유리하다는 말이다.

자신의 장점은 어떻게 발견할 수 있을까? 학과 성적만으로 장점을 판별하는 것은 바람직하지 않다. 남을 먼저 생각하는 배려심, 자기 뜻보다 남들의 입장을 먼저 생각하는 이타심, 기발한 상상력 등 여러 가지가 있다. 좋은 인성은 학습의 방해 요소가 아니다. 손해 보는 나약한 인성이라며 아이를 타박하지 말자.

학업상의 장점은 계발이라기보다는 발견에 가깝다. 자신이 흥미 있는 학습 영역을 발견하고 그 부분을 학습에 연계시키는 작업이 필요하다. 중1은 자유학년제로 자신의 계열 성향을 발견하는 시기이다. 하지만 사실 학교에서 체험활동을 하기에는 역부족이다. 아이가 계열 성향을 발견할 수 있도록 가정에서 부모가 노력해야 한다.

계열 성향을 찾는 데 효과적인 방법을 소개한다. 독서와 토론은 많이 알려진 방법인데 문제는 아이들이 흥미를 느끼고 집중하기가 쉽지 않다는 것이다. 논술 학원에 보냈지만 큰 성과는 보지 못한 것도 다 집중력과 흥미가 부족한 때문이다. 그래서 나는 책과 동영상 강의를 활용한 계열 성향 찾기를 하고 있다. 실제로 특목고 진학이나 대학 학과를 선택하려는 학생을 대상으로 수업해서 효과를 보았다. 기본적인 수업의 틀은 'Flip-Learning'이다.

주별로 수업에 참여한 학생들이 공통된 학습 주제를 받는다. 예를 들면 이번 주 주제가 '범죄심리분석관과 심리학의 연계성'이라고 해 보자. 프로파일러는 요즘 청소년들이 선망하는 직업군 중 상위권을 차지하고 있다. 그러나 실제를 알고 준비하는 학생은 많지 않으며,

자신의 적성에 맞는지 검증한 경우는 더욱 적다. 자신의 적성이 프로파일러라는 직업에 부합하는지를 점검하고 준비할 사항을 구체적으로 점검하는 것이 수업의 목적이다.

먼저 각자 학생들에게 공통 과제인 독서 숙제가 부여되고 좀 더 구체적으로는 K-MOOC, TED, 유튜브 등에서 프로파일러에 대한 정보를 수집한다. 자신이 찾아온 프로파일러에 대한 정보를 A4 한 장으로 요약한 다음 수업시간에 5분간 발표한다. 다른 학생들은 발표에 대한 질문과 토론을 전개한다. 모든 학생이 발표해야 하며 질문은 의무적으로 꼭 해야 한다. 강사는 프로파일러 관련 입시정보, 학과정보, 학교정보 등을 알려준다.

이런 과정으로 수업을 진행한 결과 많은 학생이 자신의 진로와 적성을 찾을 수 있었다. 이는 자소서 작성과 진로 과목 선택에도 도움이 된다. 다음 표는 실제 강의에 사용한 자료이니 참고하기 바란다.

희망 진로와 관련 도서 및 영상

희망 진로	독서	TED	K-MOOC
문학가	『사람은 무엇으로 사는가』, 톨스토이 『죽은 시인의 사회』, N.H.클라인바움 『1984』, 조지 오웰 『동물농장』, 조지 오웰 『변신』, 카프카 『페스트』, 알베르 카뮈	『How books can open your mind』, Lisa Bu 『My year reading a book from every country in a world』, Ann Morgan	『문학이란 무엇인가』, 정명교 『동서고전의 만남』, 김규종
심리상담사/ 교사	『심리학 아는 척하기』, 시부야 쇼조 『심리학으로 읽는 그리스 신화』, 김상준 『아동발달과 교육심리의 이해』, 이대식 외 6인 『행동 뒤에 숨은 심리학』, 이영직 『이기적 유전자』, 리처드 도킨스	『The new era of positive psychology』, Martin Seligman	『인간심리의 탐구』, 이주희, 권재환 『교육심리』, 윤미선 『행복심리학』, 최인철
PD/영화감독/ 작가	『PD가 말하는 PD』, 김민식 외 4인 『대중문화의 겉과 속』, 강준만 『세상을 흔들어라 콘텐츠의 힘』, 김경선	『The shared wonder of film』, Beeban Kidron	『영화의 이해』, 민경원 『애니메이션의 이해』, 최유미
국제기구 근무/ 외교관	『세계를 움직이는 국제기구』, 박동석 『청년 반크 세계를 품다』, 박기태	『On being a woman and a diplomat』, Madeleine Albright	『공공외교와 한국』, 문경연
경찰공무원/ 프로파일러	『나는 여경이 아니라 경찰관입니다』, 장신모 『범죄 콘서트』, 우문영 『정의롭다면 프로파일러』, 고준채	『How policewoman can community safer』, Ivonne Roman	『수사는 과학이다』, 정의선 『범죄행동의 심리학』, 박지선
법조인 (변호사/ 판·검사)	『대한민국 전문 변호사들』, 서울경제신문 사회부 법조팀 『정의란 무엇인가』, 마이클 샌델 『정치와 도덕을 말하다』, 마이클 샌델	『A procecuter's vision for a better justice system』, Adam Foss	『민주주의:역사, 현재 그리고 미래』, 임동균 『법률가와 정치』, 이국운

희망 진로	독서	TED	K-MOOC
CEO/ 경제학자/ 빅데이터 전문가	『맨큐의 경제학』, 그레고리 맨큐 『세상을 읽는 새로운 언어, 빅데이터』, 조성준 『빅데이터의 분석방법과 활용』, 정원준	『Are you a giver or taker?』, Adam Grant 『Big data is better data』, Kenneth Cukier	『빅 데이터 첫 걸음』, 유환조 『세상을 바꾸는 스타트업 이야기』, 손동원
신약개발자/ 약사	『사람을 살리는 신약개발』, 배진건 『신약의 탄생』, 윤태진 『생명공학기술과 바이오산업』, 김승욱	『A virus detection network to stop the next pandemic』, Pardis Sabeti and Christian Happi	『미생물학 입문』, 예정용
의사(치과/ 일반의/ 정신과)	『하리하라의 청소년을 위한 의학 이야기』, 이은희 『의사가 말하는 의사 Episode2』, 이현석 외 25인 『미생물 전쟁』, 아일사 와일드, 제레미 바	『What your doctor won't disclose』, Leana Wen	『행복한 삶을 위한 정신의학 Ⅰ, Ⅱ』, 김성윤
수의사	『수의사가 말하는 수의사』, 이학범 『의사와 수의사가 만나다』, 바버라 내터슨-호러위츠, 캐스린 바워스		-
프로그래머/ AI	『프로그래머, 수학의 시대』, 이재현, 이정설 『10대가 알아야 할 인공지능과 4차 산업혁명의 미래』, 전승민	『How computers are learning to be creative』, Blaise Agüeray Arcas	『인공지능의 기초』, 김건희
화학자	『슬기로운 화학생활』, 김병민 『정재승의 과학콘서트』, 정재승 『장난꾸러기 돼지들의 화학 피크닉』, 조 슈워츠	『The incredible chemistry powering your smartphone』, Cathy Mulzer	『화학으로 본 세상 이야기』, 박동곤 『재미있는 화학공학』, 강인석 외 7인

일반고 선택에도
전략이 필요하다

2025년에는 특목고·자사고를 폐지하고 2024학년도 대입에서 수능 비율을 40% 이상으로 확대한다는 교육부 발표가 난 이후로 일반고 진학에 대한 학부모의 관심이 높아졌다. 매년 10월이면 학부모들의 일반고 선택 관련 문의가 빗발친다. 특목고·자사고 진학을 결정한 학부모들도 혹시 떨어지면 어느 학교를 선택해야 할지 고민한다.

일반고 선택도 전략적으로 해야 대입에 유리하다. 그냥 집 근처 아무 학교나 가서는 안 된다. 조금이라도 자신의 성향이나 진로에 적합한 학교를 선택하는 것이 좋다. 어떤 방식으로 학교를 선택해야 하는지 구체적으로 살펴보자.

첫째, 자신의 실력을 먼저 객관적으로 파악해야 한다. 일반고 진학에 대해 구체적으로 생각하는 시기는 보통 중학교 3학년 10월이다. 이때쯤이면 대부분의 학교가 기말고사를 끝낸다. 즉 2학년부터 3학년까지의 학교 성적이 거의 다 나와 있다. 중학교 내신 성적은 지역적으로 차이가 크고 내신범위가 한정적이라서 실력 측정 도구로 적합하지 않은 것은 맞다. 그러나 학생 개개인의 성실성을 측정하기에는 좋은 도구이다.

고등학교 1학년 3월에 보는 서울시교육청 주관 모의고사 문제를 풀어보면 비교적 정확하게 자신의 실력을 측정할 수 있다. EBS 홈페이지에 보면 오답률과 내신 등급 컷이 나오니 객관적이다. 그러나 중학교 3학년이 고등학교 1학년 문제를 푸는 것이므로 지금 실력을 측정한 것으로 보아야 할지에 대한 의문이 존재하니 참고자료로 사용하길 바란다. 다만, 전국권 자사고나 특목고 진학을 생각하는 학생들에겐 좋은 참고자료가 될 것이다.

매해 7월 김천고에서 실시하는 영·수 경시대회도 객관적 실력을 측정하는 데 좋은 자료이다. 김천고 경시대회는 중학교 과정의 영·수 시험을 보며 성적 우수자들에게는 김천고 진학 시에 장학금도 지급한다. 홈페이지에 응시자들의 평균성적이 다 나오니 아주 유용하게 사용할 수 있다. 2020년부터는 중학교 3학년 학생만 응시할 수 있다고 하니 참고하기 바란다.

둘째, 자신이 가고 싶은 학교의 객관적인 지표를 확인한다. 예를 들어 내신이 쉬운 학교를 원하는지, 학습 분위기가 좋고 상위권 대학 진학 실적이 좋은 학교를 원하는지 등을 살핀다.

비록 학교별 격차는 있지만, 내신은 그 지역 학생들의 학업 수준을 측정하는 데 유용한 자료이다. 학교 알리미 사이트에 들어가면 과목별 평균과 표준편차를 살펴볼 수 있다. 다만, 학교 간 우수 학생 밀집도라는 변수가 있으므로 일률적으로 적용하긴 힘들다.

예를 들어 A고교의 수학 평균은 60점이고 B고교는 70점이고 표준편차가 각각 20점, 10점일 경우 B고교가 좋은 학생이 많아서 내신을 따기 어렵다고 보는 것이 일반적이다. 그러나 같은 학군이라도 남녀공학, 여고, 남고 등 학교의 특수성을 고려해야 한다. 서울 지역 외고의 경우에는 일반적으로 수학 평균이 높게 나오나 그렇다고 외고 재학생들이 일반고보다 수학 실력이 높다고 보긴 힘들다.

셋째, 학교별로 서울대 진학 실적을 비교해본다. 서울대를 제외한 학교의 진학 실적은 중복(학교 간의 중복, 현역과 N수생과의 중복)이 있을 수 있어 확실한 파악이 어렵다. 학교설명회에 참석하면 몇 년간의 진학 실적을 비교적 자세히 발표하므로 대체적인 윤곽을 그릴 수 있다.

서울대 진학 실적에서도 수시 실적과 정시 실적을 잘 살펴보아야 한다. 예를 들어 정시로 8명, 수시로 2명이 진학한 A학교와 정시로 2

명, 수시로 8명이 진학한 B학교가 있다고 하자. 총 진학생 숫자는 10명으로 같지만 학교의 학생 구성과 학교의 특징은 완전히 다르다.

A학교는 교육열이 높은 지역의 일반고일 가능성이 높다. 우수한 학생이 많아서 내신 경쟁도 치열할 수 있다. 우수 학생들만을 위한 프로그램과 특별반 편성이 이루어질 개연성이 높아서 그 그룹에 포함되면 수능 성적이 잘 나올 가능성이 높다. 이런 학교일수록 의학계열 지원자가 많으므로 학교에서도 수시보다는 수능 중심으로 학교교육과정을 짜기가 쉽다. 이런 유형의 학교는 강남이나 목동 지역에 특히 많다.

B학교는 학교가 교육과정을 잘 기획하고 재단에서도 최상위권 대학 진학을 적극적으로 후원하는 유형의 학교이다. 중학교 때 주요 과목의 선행 및 심화 학습이 잘되어 있는 학생 수가 상대적으로 교육특구 지역보다 적다 보니, 학교 시스템으로 서울대에 진학시키려는 의식이 강하다. 그러나 특목고나 전국권 자사고보다는 수시 프로그램, 특히 전문 교과목 편성 등에 어려움이 있으므로 진학자 수는 정시 유형의 학교보다는 적다. 비교육특구 지역에 있는 학생이면 이런 유형이 서울대나 최상위권 대학 진학에는 유리하다.

일반고 진학을 선택하는 방식을 알아보았다. 일반고 진학생은 자신의 강점을 파악하고 그에 맞는 학교를 선택하는 것이 무엇보다 중요하다.

일반고가 특목고, 전국권 자사고보다 유리할 수 있다

일반고는 특목고나 전국권 자사고에 비해 우수한 학생 수가 적고 학교시설이나 입시 대비 시스템과 선택 과목의 수에서 열악한 것이 사실이다.

그래도 일반고가 특목고·전국권 자사고보다 유리한 점이 있다. 일반고로 진학하는 학생들은 다음의 장점을 활용하면 대입에 좋은 결과를 얻을 수 있다.

첫째, 뭐니 뭐니 해도 내신 관리에 유리하다. 특목고나 전국권 자사고에서 전교 최우수 학생들의 전체 과목 내신 등급 평균은 1.5 내외에 불과하다. 학생부 내신 성적으로만 선발하는 학생부교과전형에는 감히 원서를 낼 엄두도 나지 않을 것이다.

반면에 일반고에서 전교권이면 1.5가 아니라 1.3 심지어 1등 하는 학생의 내신은 1.0에 수렴하기도 한다. 일반고 최우수 학생은 누구나 가길 선망하는 의대도 학생부교과전형으로 갈 수 있다. 내신 2.0 정도면 4년제 서울 지역 간호학과도 바라볼 수 있다. 물론 학생부종합전형은 이것과는 별개이지만 내신이 좋으면 여러 가지 면에서 유리한 것은 사실이다.

둘째, 상위권 학생 수가 적어서 열심히 하면 중학교 때 중위권이었던 학생도 상위권이 될 수 있다. 여기서 오해하지 말아야 할 것은 상위권은 보통 2등급 내외를 말한다. 1.5등급은 최상위권인데 최상위권은 일반고라도 진입하기가 힘들다.

2016~2019학년도까지 13개 대학(건국대, 경희대, 고려대, 광운대, 동국대, 서강대, 서울대, 성균관대, 연세대, 춘천교대, 포항공대, 한국교원대, 홍익대)의 자료를 분석해보면 학생부종합전형 전 과정에 걸쳐 지원자·합격자의 평균 내신 등급이 '일반고 > 자사고 > 외고·국제고 > 과학고' 순으로 나타났다. 일반고의 내신이 가장 높게 나타났다.

교육특구가 아닌 지역의 일반고에서 1.7등급 이내의 내신을 받는 것과 전국권 자사고나 특목고에서 3.5등급 이내의 내신을 받는 것을 비교해보면 후자가 쉽다고 얘기하긴 힘들다. 오히려 보통 지역의 일반고 내신 획득이 더 쉬운 경우가 많다. 내신을 따기 쉬운 학교를 선택하는 것도 훌륭한 전략이다. 게다가 일반고에서는 내신이 높은 학생들을 전략적으로 관리해주는 경향이 있다.

제일 진학하기 힘들다고 생각하는 의예과에도 내신이 높으면 훨씬 편하게 입학할 수 있다. 2020학년도 의예과 수시모집을 전형 유형별로 나눴을 때 학생부교과전형의 모집인원이 734명으로, 전체 수시모집의 38.9%를 차지해 학생부종합전형 다음으로 선발인원이 많다. 의예과 모집은 최상위권 수험생들의 선호가 높다 보니, 학생부교과전형은 내신이 매우 우수해야 한다는 생각이 강해 지원율이 높지 않은 편이다.

학생부종합전형이나 논술전형이 본인의 성향과 맞지 않을 시에는 학생부교과전형이 좋은 전략일 수 있다. 교과 성적을 평가하는 데 주요 교과만 반영하는지, 전 교과를 반영하는지에 따라 대학별 환산점수가 달라진다. 학년별 반영비율을 달리 적용해도 교과 성적 환산점수가 크게 달라질 수 있다. 학교별 전형을 잘 살펴보고 자신에게 유리한 학교를 지원하는 것이 중요하다.

셋째, 성적에 대한 강박감이 특목고·전국권 자사고보다는 심하지 않다. 서울은 외곽 지역의 학교일수록, 지방 소재의 학교일수록 성적에 대한 강박감이 덜하다. 교육특구 지역의 일반고가 아니고서는 대부분의 일반고에서 최상위권 대학에 목숨을 거는 학생 수는 많지 않다. 학부모들도 자녀에게 명문대에 가라고 압박하기보다 자신의 실력에 맞추어 진학하길 바란다.

이는 소득에 따른 사교육비 지출과도 연관이 있는 듯하다. 2015년 김희삼 광주과학기술원 교수가 발표한「사회 이동성 복원을 위한 교육정책 방향」중 서울 지역 고1 학생의 학교유형별 가구소득 분포도를 살펴보면 월 소득 500만 원 이상의 고소득 가구는 자율고와 특목고에 진학시키는 경향이 두드러졌다. 소득수준이 높은 가구일수록 특목고와 자사고 등에 자녀를 진학시키고, 그렇지 않으면 일반고에 진학하는 현상이 고착화됐다.

특목고의 경우 가계 경제 수준이 월 500만 원 이상인 경우가 절반 이상(50.4%)이며, 350만 원 이하 소득 가구는 19.7%였다. 자율고는 월 소득 500만 원 이상이 41.9%로 특목고보다 비중이 낮았다. 다음으로 351만~500만 원 27.7%, 201만~350만 원 14.2%, 200만 원 이하가 16.3%로 나타났다. 반면 일반고와 특성화고는 소득 350만 원 이하 가구 자녀가 많았다. 일반고는 350만 원 이하 소득 가구 비율이 절반 이상(50.8%)을 차지했고 500만 원 이상 소득 가구는 19.2%에 불과했다.

무조건 교육특구에 진입해서 상위권 대학에 가려는 전략이 옳다고 보기는 힘들다. 나는 실제로 교육특구 지역 이외의 고교에서 높은 내신으로 상위권 대학에 진학하는 경우를 많이 보아 왔다.

내신은 상대적인 개념이다. 내가 다니는 학교의 학생들이 학업에 관심이 없는 학생이 많아야 나에게 유리하다. 내신 성적은 강남과 강북의 학생들이 동시에 같은 시험지로 성적을 산출하지 않는다.

　관건은 자신이 자기 주도적으로 환경의 영향에 받지 않고, 학업에 전념할 수 있느냐는 것이다. 나중에 일반고를 가더라도 일단은 치열하게 특목고나 전국권 자사고 입시 대비를 하라고 권하는 바이다. 특목고 입시를 자기 주도적으로 단계적으로 하다 보면 나중에 일반고에 가더라도 그 학교에서 최상위 내신을 획득할 수 있기 때문이다.

학생부종합전형은
내신이 좋으면 일반고가 유리하다

　많은 학생이 학종으로 대학 진학을 원하지만 현실적으로 힘든 것이 사실이다. 그렇지만 대부분의 상위권 대학에서는 학종 비율이 최소 30% 이상이다. 서울대는 정시를 40%로 늘린다고 해도 최소한 학종 비율이 지역균형선발 인원을 제외하더라도 35% 이상은 될 것이다. 대학입시에서 학종이 최소 3분의 1은 차지한다는 말이다. 의학계열 진학도 예전에는 수능과 내신만을 생각했지만 이제는 학종도 생각해야 한다.

대입에서 생활기록부 비교과 영역이 미반영되면서 학종은 이제 더이상 자사고나 특목고만의 전유물이 아니다. 꼭 수능과 같이 대비하자. 일반고 학생이 학종으로 좋은 결과를 낼 수 있는 요령을 소개한다.

첫째, 학종이라는 개념에 홀리지 말자. 학종이라고 하면 비교과활동을 많이 해야 한다고 생각한다. 그러나 대학에서 일반고 출신 학생들을 평가할 때는 뭐니 뭐니 해도 내신을 최우선으로 생각한다. 왜냐하면 일반고는 학생들을 성적으로 선발하는 것이 아니고, 학생들이 학교를 선택한 후 컴퓨터가 배정했기 때문이다. 즉 실력의 우수성을 알 수가 없다.

대학에서는 고교이름이 블라인드 처리되기 때문에 선발집단이 전국권 자사고인지 특목고인지 모를 거라 생각할 수 있는데, 생활기록부에 기재된 교육과정만 보더라도 학교 유형을 쉽게 구분해낼 수 있다. 일반고 출신 학생은 무조건 내신이 1순위이다. 이 점을 꼭 명심하자.

둘째, 2024학년도에는 방과후활동, 개인 봉사활동, 자율동아리 같은 생활기록부 내 비교과 영역이 대입에 미반영된다. 심지어 자소서도 폐지된다. 다시 말하면 일반고에 불리한 영역이 많이 없어지는 것이다. 이 기회를 놓치지 말자.

자신의 전공 적합성을 잘 나타낼 수 있는 교과목을 선택하고 수행활동에서 자신의 우수성을 증명하면 뛰어난 세특이 된다. 일반고의 선택 과목 수는 특목고나 전국권 자사고에 비해 적지만, 제한된 범위

내에서 자신의 전공 적합성을 나타낼 수 있는 과목을 선택해야 한다. 경영·경제계열 지망자는 전문 교과목인 경제수학, 사회문제 탐구 등을 선택하면 유리하고, 공학계열 희망자는 수학 과제 탐구 과목을 선택하는 것이 유리하다.

전문 교과목은 특목고에서 개설되는 과목이지만 요즘은 일반고에서도 진로 선택 과목으로 개설하는 학교가 많다. 전문 교과목은 등급표시가 없고 성취평가(3단계)로만 표시되기 때문에 내신의 불리함이 없다.

셋째, 고교 입학 전에 자신이 대학에서 무엇을 배우고 싶은지를 결정해야 한다. 자신의 장래 전공을 미리 생각하지 않으면 선택 과목도 무엇을 해야 할지 알 수 없다. 주위의 말에 현혹되어서 이리저리 왔다 갔다 하다 보면 결국에는 학종이 아니라 수능으로 대학을 갈 수밖에 없다.

최소한 중3 때에는 자신의 적성을 파악하고 대학의 계열을 미리 정해야 한다. 그래야 독서, 동아리, 선택 과목이 연계성을 가지면서 알찬 생활기록부를 완성할 수 있다.

지금 일반고 진학을 생각하고 있더라도 특목고와 전국권 자사고 진학생처럼 자소서를 작성해보자. 자소서는 자신의 장래 희망을 알아야 서술할 수 있다. 그래서 자소서 작성은 자신의 적성을 생각해보는 계기가 될 수 있다.

일반고에서 학종으로 대학 진학을 원하는 학생은 고등학교 입학 전까지는 최소한 자신의 계열 성향이 이공계열인지 인문사회계열인지 알아야 한다. 그래야 고등학교 입학 후 선택 과목을 고를 수 있다. 이때 대학 홈페이지의 전공 소개를 참고하면 좋다.

예를 들어 연세대의 화공생명공학과 홈페이지의 소개글을 보면 다음과 같이 일목요연하게 전공에 관해 설명해놓고 있다.

"화공생명공학은 물리 및 화학의 원리를 응용하여 물질 및 에너지 변환을 위한 시스템을 설계하고, 또한 환경에 조화된 화학 공정을 종합적으로 구축하는 학문으로 인류의 생활 향상을 추구하는 학문이다. 최근 화공생명공학과 화학공업은 여러 분야로 확대되고 있다.

화공생명공학은 석유화학, 고분자 및 에너지 생산에 큰 공헌을 하여 왔으며, 이와 더불어 첨단기술 관련 신물질 공정개발 및 합성, 신에너지 및 환경, 분자생물학 관련 기술의 개발에도 효과적으로 확대 적용되고 있다. 본 학과의 대표적인 연구 분야로는, 청정기술, 신에너지, 신소재, 신공정개발, 분리기술, 생명공학이며, 이에 관한 연구가 산업체 및 국가기관의 지원으로 활발히 진행되고 있다."

이런 식으로 대학의 홈페이지를 활용하면 자신의 미래 직업과 관련된 전공 학과를 선정하는 데 많은 도움을 받을 수 있다. 의약계열 진학자들은 진로 선택 과목을 잘 활용해야 한다. 생명과학의 심화 과목이나 화학의 심화 과목 수강은 빼놓을 수 없으니 수강하길 바란다. 적극적으로 자신의 계열 성향을 찾아보자.

일반고 맞춤, 과목별 수능 공부법

일반고에서 논술전형만 노리겠다는 학생들은 이제 낭패를 볼 가능성이 있다. 수시전형에서 논술 비중이 점차 축소되고 있기 때문이다. 정부에서도 논술전형을 축소하고 수능 비중을 늘리길 권고하고 있다.

일반고 학생들은 이제 내신과 수능을 같이 대비한다고 마음먹어야 한다. 특히 대도시 지역의 일반고는 내신 시험에서 수능식으로 심화 문제나 서술형 문제를 출제하고 있다. 내신과 수능점수의 상관계수가 높아지고 있는 것이다.

일반고에서는 특히 정시로 대학에 진학하는 비율이 높고 2024학년도부터는 40% 이상 이를 것으로 보인다. 2022학년도부터도 수능 비중이 높아질 가능성이 있으므로 적극적인 대응이 필요하다. 과목별로 수능 공부법을 살펴보자.

첫째, 대부분의 학생이 어려워하는 수학 과목이다. 무엇보다 개념 정리가 잘되어 있어야 수능에서 고득점이 가능하다. 중학과정부터 개념 학습을 철저히 하는 것이 중요하다. 단순하게 각각의 개념이 무엇인지 이해하고 외우는 것에 그쳐서는 안 된다. 내가 알고 있는 개념, 이미 학습한 단원과의 연계성을 파악하는 것이 중요하다.

중학교 때 내신이 잘 나오던 학생들도 고등학교 가면 수학 성적이 안 나오는 경우가 있다. 정해진 시험 범위 내에 있는 개념만 익혀 시험을 잘 보니 내신은 잘 나왔으나 여러 개념이 연계된 고등학교 문제는 풀지 못해 성적이 안 나오는 것이다. 그러면 수능에서도 좋은 등급을 받기 힘들다.

개념 정립이 되면 다음은 문제풀이 중심으로 학습하는 것이 좋다. 문제를 유형별로 나눠 차근차근 풀어보면서 유형에 맞는 풀이 방법을 스스로 찾아보아야 한다. 마지막으로 스스로 개념을 정리하고 오답을 정리해본다.

둘째, 국어 과목이다. 국어 성적이 상위권 대학 입학을 좌우하는 경우가 나오기 시작했다. 국어 과목의 기본은 독서이다. 적어도 중학교 때부터는 독서를 생활화해야 한다.

수능 국어는 지문이 길다. 그 지문에서 주체적인 분석력과 응용력을 묻는다. 처음 보는 지문을 빠르게 읽고 핵심을 파악해야 고득점이 가능하다. 제시문은 인문사회 영역, 과학 영역에서 골고루 출제된다. 자신이 지원하려는 전공은 물론 다양한 분야의 도서를 평소 꾸준히 읽어야 한다.

셋째, 영어 과목이다. 절대평가로 전환되어 중요성이 예전 같지는 않지만, 영어를 어려워해서 영어 공부에 많은 시간을 소비하면 상대적으로 수학이나 국어를 공부할 시간이 줄기 때문에 불리하다.

영어는 최소 중학교 때 수능 1등급을 받는 실력을 갖추길 바란다. 문법은 영어 학습의 기초이다. 그다음 단계는 독해이다. 독해는 장문으로 출제되니 평소에 장문 독해에 대한 요령을 익혀두는 것이 중요하다. 그다음은 단어 실력이다. 어려운 단어의 뜻은 문제지에 나오긴 하나 단어 뜻을 보지 않고 독해하는 것과 보고 독해하는 것은 큰 차이이다. 단어 암기는 중학교부터 틈틈이 하는 것이 좋다.

수능의 기본은 국어, 영어, 수학이다. 기초 과목의 실력은 중학교 때에 탄탄히 하는 것이 가장 효율적이다.

인문계열 성향으로
갈 수 있는 대학의 계열·전공

취업에서는 이과계열 그중에서도 의학계열이 최고이지만, 공학계열도 사회계열에서 취업률이 제일 높은 경영이나 경제계열보다 높다. 인문계열은 대학교 서열에 따라 취업률이 비례하지만, 이공계열은 학교서열이 취업률과 반드시 비례관계를 형성하지는 않는다. 즉 이공계열은 학교 간의 격차가 인문사회계열보다는 덜하다. 극단적으로 말해서 취업면에서는 서울대 경영학과보다 강릉원주대 컴퓨터공학과가 더 유리할 수도 있다.

입시업체 종로학원하늘교육은 2017년 8월과 2018년 2월 졸업생을 500명 이상 배출한 전국 153개 4년제 대학 취업률을 분석했다. 전체 대학들의 평균 취업률은 64.2%로 전년(62.6%)보다 높아졌지만, 최근 5년간 한 번도 70%를 넘지 못했다. 서울 주요 대학 중에서는 성균관 대가 취업률 77.0%로 1위를 차지했다. 한양대(73.4%), 서강대(70.4%), 고려대(70.3%), 연세대·서울대(70.1%)가 그 뒤를 이었다. 특히 성균관 대 의학과와 반도체 시스템학과는 취업률이 100%였다. 한양대 에너 지공학과도 취업대상자 전원이 취업했다.

대학 계열별로는 의약계열 취업률이 83.9%로 가장 높았고, 공학 (69.4%), 사회(62.4%), 예체능(62.2%), 자연(60.7%) 인문(56.8%), 교육 (48.2%) 순이었다. 컴퓨터공학 전공 졸업자(졸업자 30명 이상) 중에는 고려대 컴퓨터학과(89.9%) 강릉원주대 컴퓨터공학과(89.7%), 한국항 공대 소프트웨어학과(89.6%) 등이 상위권을 나타냈다. 사회계열 내 경영학 전공자 중에는 서울대 경영학과가 86%의 취업률로 1위를 차 지했다. 이어 성균관대 경영학과(81.8%), 한양대 경영학부(76.6%), 인 하대 경영학과(76.2%), 서강대 경영학 전공(75.5%)으로 나타났다. 인 문계열에서 가장 취업률이 높은 학과는 연세대 언더우드 국제학 전 공(95%)이었다. 다음으로 고려대 언어학과(84.6%), 동국대 국어국문 학 전공(83.3%), 성균관대 중어중문학과(82.5%)가 뒤를 이었다.

취업을 생각하면 이공계가 유리하다는 사실은 누구나 인정한다. 그러나 이공계열로 가기에는 수학, 과학의 벽을 넘기 힘들어 포기한다. 인문계열 성향이라도 지원 가능한 학과를 소개한다. 일단 이들 학과에 대해 파악하고 나면 이과 수학을 해서라도 가야겠다는 생각이 들 것이다. 실제로 내 권유로 다음의 학과를 선택해 준비하다가 의외로 수학에 관심이 생겨 수학 성적이 오른 사례를 많이 보았다.

첫째, 컴퓨터공학이다. 인문계열 성향의 학생이 가장 친근한 이공계 전공은 컴퓨터공학일 것이다. 컴퓨터공학과에서는 프로그래밍언어, 서버, 네트워크 등 컴퓨터에 대한 전반적인 지식을 배운다. 광의적으로 보면 보안, 소프트웨어를 다 포용하는 큰 개념이다.

학생 중 상당수는 게임에 관심이 많은데 게임개발자도 결국은 프로그래머이다. 게임이나 프로그램을 개발할 때 다른 사람과의 차별을 둬 독창적인 프로그램이나 게임을 개발하려면 창의성이 필수이다. 인문계열 성향의 학생이 그래도 쉽게 접근할 수 있으니 적극적으로 추천한다.

문제는 수학인데 컴퓨터공학과가 수학과 관계가 있는 것은 맞지만, 프로그래밍 원리인 알고리즘과 함수식으로 조건문을 걸기 때문에 관련이 있는 것이지 반드시 수학을 잘해야 프로그래밍을 잘하는 건 아니다. 게임의 원리는 프로그래밍이니 기본적인 프로그래밍을 해보면서 조금씩 접근해보길 추천한다. 학종으로 진학하는 학생들에게는 교과 내신(수학, 영어, 물리, 화학)과 창의적인 사고를 나타낼 수 있는 독서가 필요하다.

둘째, 의학계열이다. 의사 중에는 인문계열 성향이 많다. 의대의 정신의학과나 한의대, 치과대학, 수의학과, 간호학과, 재활학과 등의 대학교육과정을 보면 수학은 거의 없다. 대신에 심리학, 생물학, 해부학 등이 중요하다. 즉 들어가기만 하면 된다는 말이다. 심지어 한의대는 의학계열이지만 인문과 자연으로 구분해 각각 선발하는 경우가 많다. 인문계열 수험생들에게 폭넓은 기회를 제공하고 있는 셈이다.

간호학과 역시 인문과 자연으로 나눠 모집하는 경우가 많다. 일부 전형은 자연계열보다 오히려 인문계열 모집인원이 더 많은 경우도 있다. 자연계열 수험생의 선호도가 높은 의예·치의예에서도 인문계열 지원을 허용하는 경우가 일부 있으므로 주목할 필요가 있다. 필요 내신 과목으로는 수학, 화학, 영어가 중요하다. 동아리활동도 학생부종합전형에서는 주요 참고요소 중 하나이다.

셋째, 건축학과이다. 건축학은 전적으로 창의성과 결합된 학문으로 건물을 짓는 공학과 거주에 대한 인문개념이 혼합된 학과이다. 그래서 인문계열과 자연계열로 나누어서 선발하고 있다.

건축학과의 교육과정은 하나의 건축물을 설계부터 완공까지 전 단계를 총괄하는 리더로서의 소양과 자질을 배우는 것이다. 건축공학과는 수학·물리·화학 등 이공계 기초학문으로 이론을 다지고, 건물을 이루는 구조와 설비 등을 완성하는 기술을 익힌다.

이에 반해 건축학과는 기하학·수학 같은 기초학문은 물론 디자인과 예술, 세계 건축의 역사와 문화, 인간 행태 등 사람과 사회에 관한 연구도 병행한다. 이공계열 중에서도 가장 인문적인 냄새가 나는 학과라 할 것이다. 주요 대학 건축학과는 거의 5년제로 짜여 있다는 점도 특이하다.

위와 같이 인문계열 성향으로 갈 수 있는 학과나 전공이 있지만 중요한 것은 입학인데, 입학 결정이 주로 수학·과학에 의해 결정된다는 것이 아이러니이다.

계열 성향을 바꾸는 적기는 초등학교나 중학교 1학년이다. 아이가 초등학교나 중학교 1학년 때 이공계열에 호기심을 품을 수 있도록 과학 캠프나 체험학습에 참여하도록 하면 좋다. TED나 관련 도서를 통해 자연스럽게 관심을 유도해본다.

경험상 중3이 되면서부터는 인문계열 성향을 이공계열 성향으로 전환하기가 매우 어렵다. 고1이나 고2 학생들은 취업에 대한 두려움 때문에 이공계열로 가고 싶어 하는 경우가 많다. 수학을 따라잡지 못해 재수를 하는 학생도 적지 않다. 그러므로 계열 전환은 초등학교나 중1 때 시도하길 바란다.

일반고 진학하는 학생도
자소서 작성을 해보자

    일반고 진학을 생각하는 학생이나 학부모들은 추첨으로 학교가 정해지다 보니 자칫하면 의미 없이 중3을 보내기가 쉽다. 특목고나 전국권 자사고 진학을 목표로 하는 학생들과 달리 학습 목표나 진로 설정의 중요성을 인식하지 못하기 때문이다.

    그러나 현실적으로는 중학교 실력이 그대로 고1에 반영되기 때문에 중3이 가장 중요한 시기일 수 있다. 나는 입시 컨설팅을 하면서 특목고나 전국권 자사고 진학을 원하는 학생이 자소서를 작성하면서 합격과 불합격에 상관없이 지적인 성장을 하는 모습을 많이 목격했다. 자소서를 쓰면서 자연스럽게 자신의 진로와 학교생활을 돌이켜보기 때문이다.

    일반고 진학을 꿈꾸는 학생들도 자소서 작성을 해보길 권한다. 다음은 내가 직접 만든 자소서 양식이다. 중학교 3학년에게 특히 유용할 것이다. 다음 양식을 작성하면서 자신의 진로와 계열 성향을 찾아보길 바란다.

1. 중학교 전 과정을 통해 자신이 가장 감명 깊게 읽은 책 3권에 관해 서술하시오.

항목	내용
책 이름	
책의 내용 중 좋았던 점을 기억나는 대로 쓰시오.(5줄 이내)	
왜 좋았는지 이유(3줄 이내)	
자신이 생각하는 진로와의 연계성 (3개 문항 중 선택)	(매우 관련 있다) (약간 관련 있다) (관련 없다)

2. 중2~중3, 학교 수행평가 중 인상 깊었던 활동에 관해 서술하시오.

과목(학년/학기)	활동 내용(구체적으로 3줄 이내로 작성)
영어	
국어	
수학	
사회	
과학	
기타 과목	

3. 내가 본받을 만하다고 생각하는 부모님의 장점과 내가 20년 후 어떤 사
   람이 되고 싶은지 서술하시오.

항목	내용
아버지 장점(2줄 이내)	
어머니 장점(2줄 이내)	
장래 내가 되고 싶은 사람(2줄 이내)	

4. 중1~중3, 학교 동아리활동, 개인 봉사활동 중 가장 기억에 남는 활동
   을 서술하시오.

학년	활동 내용
1	
2	
3	

5. 내가 가고 싶은 분야와 직업을 선택해 O표를 하시오.(3개까지 가능)

영역(분야)	세부 전공
인문/사회계열	어문학(국문학, 영문학, 독문학, 불문학, 기타), 사회학, 심리학, 행정학, 법학, 신문방송학, 홍보학, 경제학, 경영학, 통계학, 회계학. 사업가, 체육(교육학), 레크레이션 전문가, 호텔경영학, 요리학
직업	초·중학교 선생님/교수, CEO, 재무전문가, 회계전문가, 데이터분석가, 경제학자. 인력관리전문가, 홍보전문가, 기자, 방송인, 작가, 대기업 직원, 기타
이공계열	컴퓨터공학, S/W 개발, 전기/전자공학, 기계공학, 건축공학, 생물학, 화학공학, 식품공학, IT, 파일럿, 우주공학, 물리학, 화학, AI, 신소재 공학, 기타
직업	프로그래머, 게임개발자, IT 기술자, 건축가, 파일럿, 화이트 해커, 중·고교 선생님/교수, 대기업 직원, 사업가, 연구원, 기타
의학계열	의학, 치의학, 한의학, 간호학, 물리치료, 재활치료, 생명공학
직업	의사, 치과의사, 한의사, 간호사, 물리치료사, 재활치료사, 신약개발자

6. 이 시간 이후 고등학교 입학 전까지 하고 싶은 목표를 설정해보시오.

영역	내용
대학 계열/전공	
직업	
내가 되고 싶은 인간상	
과목별 학습 목표	-국어. 예) 독서 5권 이상 -영어. 예) 문법 독파(1주일에 1 챕터) 고교 단어 암기 (1주일 100단어) -수학. 예) 중1~중3 개념 재정립(1주일에 1개 영역)
20년 후 원하는 나의 모습	

뛰어난 입시 실적의 일반고를 주목하라

지역별 명문 일반고 15

강남의 대표 명문 일반고
단대부고

일반고도 명문이 있다. 예전의 경기고나 서울고, 경북고, 경남고만큼은 아니더라도 다른 학교에 비해 탁월한 진학 실적을 보여주는 학교가 있다. 상대적으로 서울에 많으나 지방에도 우수한 진학 실적을 자랑하는 학교가 존재한다.

이번 장에서는 특목고나 전국권 자사고에 필적할 만한 입시 실적을 나타내는 학교를 소개한다. 이들 학교의 장점을 잘 살펴보고 자신에게 맞는 학교를 선택하기 바란다. 지역의 자사고와 농어촌 자율고를 제외한 순수 일반고와 자율형 공립고만 다루었으니 착오 없기 바란다.

첫 번째로 소개할 학교는 단대부고이다. 휘문고와 세화고를 놔두고 웬 단대부고냐고 의아해할 수도 있다. 단대부고는 탁월한 교육 환경, 자사고 못지않은 비교과 프로그램, 전폭적인 입시 상담 지원 등으로 강남구에서 가장 인기 있는 학교로 꼽힌다. 2020학년도 단대부고의 서울대 등록자 수는 정시 15명, 수시 4명으로 정시 실적이 단연 돋보인다.

그러나 학교에서는 이런 정시 중심 교육과정보다는 수시와 정시를 아우르는 '투 트랙 진로진학 시스템'에 신경 쓰고 있다. 특히 2학년 교육과정을 보면 수능과 수시를 동시에 준비할 수 있는 투 트랙 진로진학 강점이 고스란히 담겨 있다.

논술(2단위)과 학교 독서활동의 결실(유형별로 어떤 글을 쓰는 것)이 설치되어 있으며, 심화 교육과정의 일환으로 사회문제탐구와 과학과제연구(택1)를 정규 교과로 편성해 R&E 및 주제 관련 심화 탐구 기회를 제공해 세부능력 및 특기사항 난에 기록할 수 있도록 교육과정을 구성했다.

그리고 학종 대비를 위해 다양한 독서 프로그램과 고교 3년 과정 자기소개서 및 면접 지도, 토요 프로그램(인문학 아카데미·과학과제 탐구 과정·로봇아카데미·코딩아카데미) 활성화를 도모하고 있다.

단대부고는 매년 약 40개의 교내 대회를 연다. 자알쓰기대회(자기알림 글쓰기대회), 학생탐구발표대회, 나의 주장 발표대회, 진로디자인

발표대회 등 정보전달능력, 발표력, 창의력 등을 골고루 향상할 수 있는 대회를 열어 학생들의 경쟁력을 키운다.

특히 독서 논술 경시대회, 독서 심층 논술대회, 독서 골든벨 대회, 독서 토론대회, 독서왕 선발대회, 독서능력 서품대회 등 다양한 독서 관련 대회를 열어 학생들이 책에 자연스럽게 관심을 가지고 논술, 토론 등 심화 활동에 참여하도록 한다.

이와 같은 프로그램을 통해 기른 독서 역량은 학생부 독서활동 상황과 수상경력은 물론 서울대 자기소개서 4번 항목에 고스란히 기재된다. 이런 영향인지 단대부고의 자체자료를 보면 중학교 때 내신 30~40%대에 있었던 학생들이 서울대나 연세대에 합격한 사례가 나타난다.

그러나 모든 학생이 좋은 결과를 내기는 어려운 게 사실이다. 단대부고는 내신 경쟁이 치열하고, 재학생들의 기대 수준이 높아 재수 선택 비율이 높다. 이러한 단점은 강남의 타 고등학교도 가지고 있는 숙제이다.

한 가지 확실한 점은 단대부고는 전국권 자사고나 특목고에 비교해도 뒤지지 않는 학교라는 점이다. 다만, 정시 중심의 진학 경향이 너무 강하다는 점을 염두에 두고 선택하자.

강남의 대표 명문 여고
진선여고

진선여고는 강남에서 숙명여고, 세화여고와 더불어 유명한 일반 여자고등학교이다. 2020학년도 서울대 합격생은 정시 6명, 수시 6명으로 강남의 다른 학교들과 달리 수시와 정시가 균형 있는 실적을 보여준다.

고교 교육과정을 충실히 운영하면서 수시에 최적화된 프로그램을 구축하고 있다. 영재반(1학년 수학영재반, 2학년 인문사회영재반, 과학영재반)과 영어·과학 심화 교육과정, 학업 멘토링, 진로탐색 프로그램,

독서 캠프, 과학 캠프, 영어 토론, 논술 수업, 체육 토요 방과후 수업, 자연계 실험 중심 방과후 수업 등이 대표적이다.

2학년 대상 3인 1팀으로 운영되는 CEDA 방식의 토론대회도 열어, 협업 능력을 키울 수 있도록 한다. 특히 2학년 2학기에서 3학년 1학기까지 진선 아카데미를 구성해 아침 7시 10분까지 등교해 70분간 스스로 공부하는 얼리버드 프로젝트를 운영 중이다.

진선여고는 10년 넘게 논술 수업을 진행하고 있다. 현재 학생들의 협동 학습 방식과 졸업생 첨삭 방식으로 진행해 논제 및 제시문 이해능력, 논리적 사고력과 표현력, 협업 능력을 함양해 일거양득의 효과를 얻고 있다.

보통 여고에는 어학 특기자가 많은데 진선여고는 특기자전형을 위해 지원하는 학과와 관련 있는 동아리활동을 할 수 있도록 지도한다. 고1부터 학생들의 내신과 모의고사 성적을 3년 동안 누적 관리해 개인의 학업 역량 강화와 학습 동기부여를 하고 있다.

체계적인 개인별 진학 시스템을 기반으로 2019학년도에는 의·치·한의대에 55명(중복 포함, 졸업생 일부 집계)이 합격했다. 이중에는 학생부종합전형으로 합격한 학생도 다수 있는 것으로 알려져 수시에 강한 학교라는 이미지를 선명하게 남겼다.

과학, 수학, 인문사회까지 세 분야에 걸쳐 운영되는 영재학급도 진선여고의 진학 실적을 톡톡히 뒷받침한다. 서울대 수시합격자 9명 가운데 6명이 자연계열이며 정시합격자 6명도 전원 자연계열이다. 대부분의 여고는 인문계열 중심인 학교가 많지만, 진선여고는 자연계열 중심의 과정을 운영하는 학교라는 점이 특이하다.

활동 스펙트럼이 넓은 영재학급은 수업이 팀 프로젝트 방식으로 이루어지는 데다 외부 강사 강연, 현장체험활동, 창의리더 캠프까지 연간 100시간 이상 이수해야 한다. 연말에는 그간의 활동 내용 결과물을 학술제 형식으로 발표한다.

진선여고에서 운영하는 동아리는 100여 개에 달한다. 정규동아리 54개, 자율동아리 55개로 자연과학, 수학, 외국어 등 학술동아리뿐만 아니라 오케스트라, 미술, 가야금, 댄스, 밴드, 배드민턴, 봉사, 연극, 영화까지 다양하다. 수시에 강할 수밖에 없는 구조이다.

강남의 학부모들 사이에서 진선여고는 특별히 우수한 성적으로 입학한 학생이 많지 않아도 진학에서는 항상 그 이상의 성과를 내는 학교라는 인식이 퍼져 있다. 진선여고가 강남에서 항상 관심을 받는 일반고인 이유이다.

목동의 자존심
강서고

강남에서는 의학계열의 최고 선두 학교를 휘문고로 치지만, 목동에서는 강서고를 최고로 친다. 강서고의 서울대 진학 실적은 강남의 어느 학교와 견주어도 뒤지지 않는다. 강남 8학군에 비교될 만큼 학생들의 학업 수준이 높은 목동의 중심부에 학교가 위치해 있기 때문으로 보인다.

2020학년도 서울대 등록자 수는 정시 12명, 수시 3명으로 15명이었다. 강서고는 8:2의 비율로 이공계 진학생의 비율이 높으며 의대 진학을 원하는 학생들이 많다 보니 수시보다는 정시에 강한 학교로 각인되어 있다. 이과 중심 성향을 반영이나 하듯이 수학시험이 어렵기로도 유명한 학교이다. 매해 졸업생 중 재수를 선택하는 학생의 비율이 60%에 육박한다. 학교 이름을 가리면 휘문고와 착각할 만큼 유사성이 많은 학교이다.

최근에는 학생부종합전형을 대비한 프로그램도 신경 써서 관리하고 있다. 담임 멘토제로 운영하는 자기 주도 학습 프로그램이 대표적이다. 희망 학생을 대상으로 2주 1회 정기적인 상담시간을 가진다. 진로희망 탐색, 주기별 학습 계획 수립, 교과별 학습법 지도, 자기소개서 쓰기 등 8차시 집중 프로그램을 통해 학생들은 다양한 문제 상황에 대한 대응 방법을 익힌다.

또 다양한 창의융합 선도학교(STEAM) 프로그램으로 인문과 자연 융합 프로젝트, 과학과 인문학 융합특강, 인문·자연 특화 실험 프로그램 등을 진행한다.

강서고는 2016년부터 예술드림거점학교로 지정 운영되고 있다. 예술교육 인프라를 활용해 학교예술거점 및 센터 역할 프로그램을 운영한다.

강서고 진학을 두고 목동의 학부모들은 고민이 많다. 학교의 진학 실적만 보면 보내고 싶지만, 소수의 학생만 대상으로 특별 관리시스템을 운영하고 있으니 선뜻 지원하기에는 부담스럽기 때문이다. 내신이 어렵고 학습적으로 준비가 잘되어 있는 학생이 많으니 수시전형으로는 대입이 힘든 학교이다. 정시 중심으로 대학 진학을 꿈꾸는 학생에게는 내신 시험이 수능형이라서 유리하다. 그러나 중위권 학생들은 의외로 성적 때문에 고민이 많은 학교 중 하나이다.

목동의 대표 수시 중심 학교
양천고

　목동 지역에서는 정시와 의학계열 진학에 가장 강한 학교로 강서고를 꼽고, 학생부종합전형에 가장 강한 학교로 양천고를 꼽는다. 2020학년도 서울대 등록자 수는 정시 3명, 수시 4명이었다. 근래에는 꾸준히 서울대를 수시로 4~7명까지 보내고 있다.

　양천고의 특색 사업은 '창의적 학교 특색활동-행복한 과학교육 활성화'로 과학 영재학급과 과학 잠재력을 끌어내는 특색 있는 과학 프로그램이다. 과학 영재학급은 창의 지성·창의 감성 융합 교육과정과 창의 인성·리더십·진로 교육 프로그램으로 운영한다. 과학 잠재력을 끌어내는 특색 있는 과학 프로그램은 과학실험, 과학 꿈 포트폴리오, 과학 NIE 프로그램, 과학 토론, 과학 세미나 등이 있다.

과학실험은 이공계 전공의 특징을 경험할 수 있는 흥미 위주의 기본 실험을 진행한다. 과학 꿈 포트폴리오 프로그램은 꿈 명함 만들기, 나만의 포트폴리오 제작, 연구활동 자료집 발간이 있다. 자료집 발간을 구체적으로 보면, 연구 주제를 선정해 논문 6편 이상을 읽고 선행 연구에 관한 내용을 파악, 연구와 관련된 실험을 한 후 1년간의 연구활동 자료집을 발간하는 것이다.

과학 NIE 프로그램은 과학 기사를 바탕으로 논술활동을 진행해 분석적 사고력과 과학기술에 대한 흥미도를 높이는 것이 목표이다. 과학 토론 프로그램은 '과학자 탐구', '과학자 간의 논쟁', '과학자의 책무' 중 주제를 선택해 도서를 읽고 토론활동을 진행한다.

학생이 말하는, 학생을 위한 'My 포켓 과학세미나'는 자신의 관심 분야에 대한 발표활동으로 지적 자신감을 향상하고, 과학적 재능을 통한 교류가 활발히 이루어지도록 하는 것이 목표이다.

Splendid Idea 과학칼럼대회, 과학발명대회, 학생탐구발표대회, 과학탐구토론대회, 과학창의력경진대회, 인포그램대회 등 과학 대회를 개최하고, 깊이 있는 과학적 소양을 향상할 수 있는 학술활동(동아리, 교과 스터디 및 R&E)을 지원한다.

양천고는 학교폭력, 왕따 없는 학교로도 많이 알려져 있다. 우수한 성적과 올바른 인성이란 두 마리 토끼를 잡을 수 있는 동력은 성적 수치에 연연하지 않고 인성 중심 교과 교육에 매진한 결과란 분석이다.

양천고는 학생들의 성적을 세밀하게 분석하고 그 결과에 따른 맞춤식 교육을 한다. 학습 능력을 극대화하는 학력 향상에 중점을 둔 교육과정을 운영하고 지속적으로 예절 및 바른 생활을 지도한다. 아울러 체계적인 금연교육과 성교육을 통해 생활지도에 힘을 기울인다.

IT 교육시설을 완비한 현대화된 과학시설을 통해 특화 교육을 펼친다. 1, 2학년 전용 자기 주도 학습실과 고품격 시설을 갖춘 자기 주도 학습실(상록실)을 운영하며 학습 습관을 길러준다.

학생들의 전인격적 성장을 위한 비교과활동도 다채롭다. 주제 토론활동을 골자로 한 독서토론대회, 다양한 형태의 논술동아리 및 논술기초 다지기 프로그램 등 학생들의 탄탄한 학습 능력을 키워주는 독서토론논술 교육 활성화에 중점을 두고 있다. 자기계발을 위한 각종 대회와 개인 포트폴리오 작성 프로그램은 양천고의 또 다른 자랑거리이다.

양천고는 강남이나 목동 지역의 다른 일반고에서는 보기 드문 수시 중심 교육과정을 잘 운영하는 학교이다. 학생부종합전형에 특히 관심이 많은 학생에게 추천하는 학교 중 하나이다.

05

노원구의 신흥 명문고
재현고

재현고는 1974년 노원구 최초의 인문계 고등학교로 개교하였으며, 2000년 미션스쿨로 전환하면서 지역을 대표하는 고등학교로 성장했다. 2020년 서울대 등록자 수는 정시 2명, 수시 5명이었다. 수시 실적에서 볼 수 있듯이 학생부종합전형에 강한 학교이다.

재현고의 교육과정은 학생의 선택권을 최대한 반영한다는 특징이 있다. 1학년 때는 전교생 공통으로 학교 지정 공통 과목을 주로 편성하되 주요 과목인 국어와 영어, 수학은 66단위로 편성해 학교 수업을 통해 충분히 실력을 쌓을 수 있도록 구성한다.

또 수학 I과 수학 II를 2학년 1학기와 2학기에 나란히 배치해 수학 교과의 특징인 위계성을 충분히 따를 수 있도록 했으며 3학년에 올라가서 '확률과 통계'를 탄탄히 공부할 수 있도록 했다.

2학년 때부터는 과학탐구와 사회탐구 영역의 선택권을 유연하게 구성해 학생별로 진로나 학습 현황에 따라 더 많은 시간을 할애할 수 있도록 편성했다. 3학년 때는 성취평가가 진행되는 진로 선택 과목과 수능 선택 과목인 사회 일반 과목을 함께 편성해 학생부종합전형과 정시전형을 동시에 준비할 수 있도록 했다. 무엇보다 3학년 진로 교과인 사회와 과학의 세부 과목 모두 기준단위인 5단위를 넘어 각각 6단위로 구성해 학생 진로에 따른 전공 적합성을 세심히 고려했다.

특히 서라벌고, 불암고가 참여한 연합형 선택교육과정을 운영하고 있어서 학교에서 운영하는 교과 외에 수강을 원하는 교과가 있으면 이용할 수 있다. 연합형 선택교육과정으로는 문학과 매체, 물리학실험, 정보과학, 화학실험, 세계문제와 미래사회, 생명과학실험, 국제관계와 국제기구 등이 있다.

노원구에서 재현고가 처음 시작한 영재학급은 '창의성, 인성, 의사소통능력, 수익자부담 최소화'를 원칙으로 운영하고 있다. 2월 초 '선발공고→지원신청 및 교사추천→창의적 문제해결력 평가→인성 심층 면접'을 거쳐 3월 말 합격자를 발표한다. 4월 초 입학식, 8월 영재 캠프, 11월 과제연구 발표, 11월 말 수료식으로 학사일정을 마친다.

현재 재현고의 영재학급은 1학년 수학 영역(20명), 2학년 인문사회 영역(20명), 과학 영역(20명)을 운영하고 있다. 영재학급은 학기 중 금요일 150분 수업, 방학 중에는 특별 프로그램 또는 과제연구를 위해 100분씩 2개 과정을 실시하고 8월 초 영재 캠프도 진행한다.

재현고의 또 다른 강점은 과학 프로그램이다. 2학년 20명(세종반, 영재학급 제외), 시기는 9월부터 12월까지 수학, 물리학, 화학, 생명과학, 지구과학 등 탐구능력 함양, 과학강연회 등을 지원하며 교내 발명아이디어공모전, 과학탐구토론대회, 학생탐구발표대회, 과학실험교실, 수리과학탐구교실, 과학경시대회 등이 활성화되어 있다.

재현고 세종반은 전공 적합성, 능동적인 학교생활을 토대로 한 자기 주도 학습 능력 함양을 목표로 한다. PBL, MAKER 학술동아리 운영, 1;1 진학 상담, 1:5 자기소개서 컨설팅을 통해 학생별 전공 적합성을, 체인지-UP과 인성교육, 한빛마루 컨퍼런스를 통해 학생들의 능동적인 학교생활을, 자율학습, 학습 플래너, 미터 인지 연수 등을 제공하여 자기 주도 학습 능력을 적극적으로 지원하고 있다.

연중 방과후 학교와 1학기에는 학술동아리, 바른 인성교육을 지원하고, 여름방학에는 PBL마을 프로그램을, 2학기에는 창의 산출대회, 학술제, 공학 캠프 등을 열어 학생의 비교과활동을 독려하고 있다.

세종반 선발은 3월초 60~80명을 모집하는데, 전교생 300여 명 중 3~4등급 학생까지 참여가 가능하다. 중학교 내신, 배치고사 성적, 3월 모의고사 성적을 기준으로 선발한다. 주중 오후 10시까지(토요일 오전 8시~오후 12시) 운영되는 자율학습실은 매일 교사감독 1명과 학부모 감독 2명이 함께한다.

세종반에서는 학술동아리활동도 교과별 전공적합역량 강화 프로그램으로 교과별 지도교사를 배정하여 독서 토론, 마중물 진로탐색, 청소년연구논문 산출 등의 활동을 지원하고 있다.

강북의 대표 과학중점학교 용산고

용산고는 용산구에 있는 과학중점학교이다. 2020학년도 서울대 등록자 수는 정시 6명, 수시 6명으로 수시, 정시 골고루 진학했다. 용산고는 인문사회 영재학급과 과학 영재학급을 운영하고 있다. 이 영재학급에 선발된 학생들은 각 분야의 권위 있는 강사와 함께 연간 100시간 이상의 영재교육 프로그램을 이수하고 선생님들의 지도를 받으며 과제연구에 참여하는 과정을 통해 지적 호기심을 가지고 스스로 탐구하는 능력과 문제해결력 및 창의성을 키운다.

용산고 재학생이라면 누구나 1학년 때 50시간 이상의 과학·수학 관련 체험활동을 이수하게 돼 있다. 학교에서는 제주도 자연 탐사활동을 비롯해 생태 탐사, 항공우주 탐사 프로그램, 의·생명, 공학, 융합 과학, 환경 분야 등 이공계 진로 탐색을 위한 다양한 심화 실험과 토론 프로그램, 이공계 진로 특강을 마련해 운영하고 있다.

　선생님들은 최신 연구 동향을 반영한 주제 선정이나 전문성을 갖춘 권위 있는 강사 섭외부터 학생들의 이해를 돕는 자료집 제작이나 소그룹 구성까지 세심하게 준비한다.

　학생들은 과학·수학 프로젝트 연구활동 결과물로 '과학싹큰잔치', '과학축전' 같은 외부 행사에 참여하거나, 매년 11월에 용산고가 개최하는 '과학·수학 나눔 페스티벌'에 참여하며 나눔을 실천하고 있다. '과학·수학 나눔 페스티벌'은 해마다 참가자가 늘어나 부스 운영에 참여한 학생들은 배움의 즐거움과 나눔의 기쁨을 만끽하고 있다.

　정규동아리로 부족한 부분은 학생들이 자발적으로 조직한 자율동아리 운영으로 채우고 있다. 현재 용산고에는 84개의 자율동아리가 운영되고 있다.

　용산고는 공립학교에서는 보기 드물게 기숙사를 갖추고 있다. 기숙사에는 생활실 외에도 별도의 자율학습실과 정보검색실이 마련돼 있으며 1일 사감 선생님의 지도로 철저한 학습 관리와 생활지도가 이루어지고 있다. 기숙사에서 학생들은 단지 공부만 하는 것은 아니다. 검도로 하루를 시작하고 기숙사생을 위한 특강이나 멘토링, 기숙사생 체육대회 등 다양한 프로그램에 참여하며 실력을 키우고 추억도 쌓으며 지·덕·체를 겸비한 인재로 성장하고 있다.

용산고는 과학중점학교답게 실험실과 탐구활동실, 리소스룸, 융합과학실 등 과학교과교실이 잘 갖춰져 있다. 학생들은 과학 수업시간 외 동아리활동을 하거나 과제연구를 할 때 이곳에서 하고 싶은 실험을 마음껏 할 수 있으며 심화 수준의 실험과 탐구활동도 할 수 있다.

용산고는 국가대표급 하키부, 농구부, 정구부를 운영하고 있다. 2018학년도 졸업생 중에는 학교에서 운영하는 체대 입시 준비 프로그램과 학력 신장 프로그램만으로 학업과 실기라는 두 마리 토끼를 잡고 주요 대학 체육과에 합격한 사례도 다수 있다.

용산고는 강서구의 과학중점고등학교인 마포고, 명덕고와 더불어 강북 지역에서는 손에 꼽히는 모범적인 과학중점고등학교이다. 앞으로도 많은 발전이 기대된다.

분당의 대표 과학중점학교 낙생고

낙생고는 2017년부터 과학중점학교로 지정되어 매해 서울대 진학에서 탁월한 진학 실적을 기록하고 있는 학교이다. 2020학년도 서울대 등록자 수는 정시 9명, 수시 4명이었다.

낙생고는 과학체험활동, 과학탐구토론대회, 융합과학대회, 수학소논문 발표대회, 과학탐구 포트폴리오대회, 수학·과학 심화탐구반, R&E 프로그램 활동 등 오랜 과학교육의 노하우를 인정받아 2017년부터 경기도교육청이 지정한 과학중점고등학교가 됐다.

과학중점학교로 지정되면서 과학실 증설, 3D프린터, 아두이노, 로봇, 드론 등 첨단 시설을 활용한 과학교육이 가능해졌다. 이로써 낙생고는 이공계열 희망 학생들이 과학·수학적 소양과 다양한 창의적 체험활동을 통해 더욱 정교한 학생부종합전형 포트폴리오를 완성할 수 있는 기반을 마련했다.

과학중점과정 학생들은 3년간 과학·수학 교과에서 교과 총이수 단위의 45% 이상, 또한 과학에서 물리 I·II, 화학 I·II, 생명과학 I·II, 지구과학 I·II의 총 8과목을 이수하게 된다. 1학년은 공통과정으로 운영하며 2, 3학년에 과학중점과정을 운영한다. 1학년 2학기(10월~11월)에 신청을 받아 적성 및 잠재력, 개인 포트폴리오, 교과 우수성, 심층 면접을 통해 선발한다.

과학중점학교인 낙생고는 인문사회계열 학생들을 위한 프로그램도 잘 운영하고 있다. 인문사회 교과 담당 교사들이 학생들의 전공 심화활동을 만들기 위해 만든 교육과정인 사회중점과정이 바로 그것이다. 자연계열이 강한 만큼 인문사회계열은 약할 것이라는 고정관념을 불식시키기 위해 학교에서 주력하고 있는 교육과정이기도 하다.

창의융합(인문사회탐구) 프로그램은 심화탐구반, 정규 동아리 11개와 자율 동아리 23개가 활발하게 운영되고 있는 사회중점과정, 진로진학 탐색을 위한 전문가 초청 프로그램, 작가 초청 독서 토론, 대학교수 초청 심화탐구 프로그램과 봉사활동도 연계했다. 자유수강제 확대에 따른 학생 선택권을 강화해 과학중점과정과 사회중점과정 이

외에도 인문융합과정과 자연융합과정도 운영하고 있다.

　교육과정 편성의 노하우는 그 학교의 대입 전략과 일맥상통한다. 낙생고는 비전공 교과 및 다과목 지도에 따른 부실한 수업을 예방할 수 있게 교육과정을 편성했으며 13명 이하 소인수 과목이 발생하지 않도록 교과목을 편성했다. 또한 방과후 교과활동을 통해 교과를 심화할 수 있게 열어놓았다.

　자체 데이터에 기반을 둔 진학지도를 통해 정시에서 강세를 보인다. 진학지원팀이 각종 입시자료 속의 도수분포표, 그래프 등을 분석하고 데이터를 구축했다. 대학별로 상이한 영역별 반영비율 등을 고려할 수 있는 프로그램으로 학생이 취득한 점수만 입력하면 해당 대학의 공식에 따른 점수가 자동으로 산출된다. 2년간 입시성적도 함께 분석해 학생이 취득한 성적을 입력하면 합격 여부는 물론 지난해 지원자 데이터를 기반으로 예비번호까지 추정할 수 있다.

　산출된 데이터를 바탕으로 담임교사, 학생, 학부모가 신중하게 검토하고 지원한다. 낙생고의 정시 진학생 비율이 높은 것은 내신의 어려움이 제일 큰 이유이다. 분당이라는 지역적 특성으로 중학교 때부터 주요 과목의 심화학습이 잘 갖추어진 우수한 학생이 많기 때문이리라.

분당의 정시 중심 명문
분당대진고

분당대진고는 낙생고와 같이 분당의 양대 명문 일반고로 1994년
에 개교한 학교법인 대진대학교 부속 고등학교이다. 분당 신도시에
형성된 학교라 초기에는 두각을 나타내지 못했으나 2002년 평준화
지역 고등학교로 전환한 후에는 단기간에 지역 명문고로 부상했다.
특히 2004년 경기도교육청에서 '외국어(영어) 교육과정 특성화 학교'
로 지정한 이후 해외대학 진학률이 증가했다. 2006년에는 일반고 가
운데 외국대학에 최고로 많이 진학시키는 실적을 기록하며 '분당의

특목고'라고 불리고 있다.

2020학년도 서울대 진학 실적은 정시 5명, 수시 2명이었다. 자연계열이 강한 학교로 매년 의학계열에 30~40명을 배출해내고 있다. 이런 실적은 국, 영, 수 교과 전용 교실과 수업수준을 6단계로 구성해 15명 내외의 인원으로 수업을 진행한 노력의 산물이기도 하다.

실적은 정시 중심으로 나타나고 있으나 학교에서는 학생부종합전형에 큰 노력을 기울이고 있다. 학생의 진로에 따라 인문사회, 자연과학, IT 계열, 유학반 등의 프로그램을 운영하고 있다. 모든 계열 학생은 국어, 영어, 수학은 같은 시수로 선택해서 듣고 전공 관련 과목들은 개별적으로 선택할 수 있다.

인문사회계열 진로 학생들은 사탐 교과, 자연과학 진로 학생들은 과탐 관련 진로 선택 과목을 택하면 된다. IT 계열 진로를 가진 학생들은 정보과학, 프로그래밍 등의 진로 선택 과목을, 해외대학 진학이 목표인 학생들은 심화영어와 영어 작문, 중국어·일본어 회화 과목을 이수할 수 있게 편성했다.

교과 영역 간 선택 과목으로 사회문제 탐구, 프로그래밍, 실용경제, 중국어 독해, 일본어 독해와 작문, 심화국어, 진로영어, 기하, 융합과학, 수학 과제 탐구 등의 과목을 개설해 한 과목씩 이수하도록 했다. 또한 한솔고, 불곡고와 상호 호혜형 클러스터 교육과정을 운영하여 세계문제, 로봇 기초 등의 과목도 들을 수 있다.

자연계열 진학을 원하는 재학생을 대상으로 자연계열 영재반과 경기도 영재 학습을 개설하는 등 수학, 과학 커리큘럼의 내실화를 기하고 있다. 현직 교수의 강의를 듣고 소논문을 작성하는 등 현재 과학고에서 진행하는 프로그램 대부분을 실행하고 있다. 그 밖에도 수월성 교육을 토대로 자연계열 커리큘럼을 강화하고자 큰 노력을 기울이고 있다.

2004년부터 경기도교육청 미술 교과 특기자 육성학교로 지정받아 미술에 재능이 있는 학생을 조기 선발하여 한 학년에 한 반씩(40명 기준) 운영하고 있다. 도내 중학교 학생들을 대상으로 미술 내신 성적과 수상 실적, 실기시험 전형과정을 통해 10명을 선발하고, 나머지 30명은 지역에서 입학한 신입생 중 희망자를 대상으로 선발한다.

정규 수업 시간에는 수능과 내신에 반영되는 수학·과학 과목을 대학에서 요구하는 최소 이수 단위만 이수토록 하고, 일부 과목은 일반계열 학생들과 내신을 분리 산출하여 학생들의 부담을 줄였다. 내신과 실기를 골고루 준비할 수 있으므로 예술고 못지않은 대학 진학률을 나타내고 있다.

교육관계자들은 분당대진고의 다양한 노력이 향후 수시에서도 좋은 결과로 이어질 것으로 예상한다.

강남 8학군 못지않은 양평 양서고

경기도 양평군 양서면에 자리 잡은 일반 사립고인 양서고는 명문 대 진학률이 높기로 유명한 전국단위의 명문고이다. 2020학년도 서 울대 등록자 수는 정시 3명, 수시 8명이었다.

2019학년도부터 지역 내 선발인원을 기존 30명에서 60명으로 늘 렸다. 양서고 입학을 노리고 양평 내 초·중학교로 전입을 하는 외지 학부모가 적지 않다. 대입에서 농어촌특례 전형이 적용되는 학교인 점도 인기요인이라는 분석도 있다. 양평 내 초등학교 5, 6학년으로 전입 시도가 있는데, 농어촌특례 대상자의 자격 요건으로 지역 내 6년 거주가 있기 때문으로 보인다.

양서고는 전원 기숙사 생활을 한다. 전원 기숙사 생활에 집중교육을 한다고 해서 학생들의 성적 경쟁력이 생기지는 않는다. 양서고는 입학과 동시에 학생별 맞춤형 전략을 제시한다. 학교의 일방적 제안이 아니라 학생과 함께 토론하고 고민하며 자신에게 맞는 전략을 짠다.

양서고가 내세우는 자랑 중 하나가 비교과 과정인 전공연구역량 강화 프로그램이다. 수시로 대학입시를 겨냥하는 학생들이 주로 선택하는데, 난이도가 높아 중도에 그만두는 학생도 꽤 있다고 한다.

총 5단계로 이루어진 이 프로그램은 학생이 진로희망서를 제출(1단계)하면 적성검사 등을 통해 적정성 여부를 판단하고 자신이 선택한 분야의 전문지식을 이해하고 진로를 구체화하기 위해 전공독서인증(2단계)이란 단계를 거친다. 3단계는 자율동아리활동으로 공통의 진로와 관련된 연구활동을 학생들끼리 자율적으로 모여 구성해 활동하게 된다. 4단계는 전공 심화 과정으로 매주 토요일 오전 시간 등을 활용해 설정 주제에 대한 연구활동 및 프로젝트를 진행하고 관련 분야의 석학 연구원 멘토 등을 섭외해 세미나도 진행한다. 5단계는 학술연구보고서 활동으로 양서학술대회를 연다. 우수한 학생들을 선발하는 6단계가 다음 단계이다. 이 과정이 3년 동안 진행된다. 이런 숙성과정을 거쳐 입시실적이 나오는 것이다.

양서고는 정시를 준비하는 학생들에 대한 지원도 전폭적으로 하고 있다. 방과후 학생들이 원하는 특강 강사를 초빙하고 있고, 2~3년 전부터는 주문형 강좌를 도입해 운영하고 있다. 정규 교과과정을 깊이 있게 들여다보는 일종의 심화학습인데, 정시와 수시 모두에 도움이 된다. 경제학 개론, 고급 물리, 고급 화학, 논증적 글쓰기 등 학생들 수요에 맞춰 다양한 강좌가 개설된다. 매스챌린지, 전공 독서 프로그램 등도 양서고만의 특화 교육과정이다.

양서고는 학업에서 학생 개개인의 주도성을 강조한다. 학생들이 스스로 찾아서 하는 공부를 뒷받침하는 시스템을 도입하고 있다. 양서고는 농어촌 전형 대상학교이기도 하다. 학교에서는 이를 입시에 활용하고 있지만, 기본적으로는 수시와 정시에 적합한 교육 프로그램을 운영하고 있으므로 향후의 입시 실적도 낙관적이라 예상된다.

대구의 일등 일반고
정화여고

정화여고의 2020학년도 서울대 등록자 수는 정시 6명, 수시 3명이었다. 의예과 16명(연세대 1명, 경북대 4명, 가톨릭대 1명, 울산대 1명 등)과 치의예과에도 6명이 합격하는 등 명실 공히 지역 최고의 고교로 자리매김했다. 카이스트, 경찰대, 육군사관학교, 일본 와세다대에도 합격생을 냈으며 서울 주요 대학 78명, 경북대 116명, 교대 12명 등 다양한 분야에 합격자를 배출했다.

정화여고의 탁월한 진학 실적은 특색 있는 교육 프로그램 덕분이다. 학생들의 학업 능력과 진로에 맞춰 교육과정을 운영하여 좋은 반응을 얻고 있다. 창의성을 높이고 꿈을 키울 수 있도록 창의적 체험활동을 학생 중심으로 운영하고 특색 있는 융합 프로그램으로 학생들이 인성과 감성을 키워 나가도록 돕는다.

교육 과정상 1학년 때부터 논술 수업을 진행해 생각하는 힘을 기르게 한다. 교과별 또는 교과 간 융합 수업으로 창의성과 학업 역량을 키우는 데도 관심을 쏟는다. 교사들 간 유기적 협력이 바탕에 깔려 있어 가능한 일이다.

'JU.M.F(JUnghwa Musical Festival, 정화 뮤지컬 페스티벌)'는 융합 프로그램 중 하나이다. 음악과 미술 교과의 수행평가가 이 축제로 이어진다. 또 논술과 미술 교과를 융합하여 글쓰기 능력과 미적 표현 능력을 키우고 학생 수요를 반영해 교과 융합형 토요답사 프로그램도 진행한다. 진로집중형 선택제 방과후 학교를 운영하는 것도 정화여고의 강점이다. 평일 이루어지는 이 프로그램은 전공 적합성을 높여주는 진로집중형 강좌와 성취 수준에 따른 맞춤형·수준별 수능집중형 강좌로 이원화해 시행한다.

학생 중심의 진로집중형 선택제 방과후 학교와 교과융합형 토요답사 프로그램, 창의성 도전 학기 운영으로 자기 주도 학습 능력과 융합적 사고 능력 함양에 힘쓰고 있다. 토론 및 협력 수업 활성화를 위한 교실 수업 개선 노력의 목적으로 교과별 특성에 맞는 거꾸로 교실, 신호등 토론 등 학생 참여 중심의 수업방법을 실천하고 이를 평가와 연계해 학생들의 창의적 사고를 키우고, 학생의 전인적 발달과 학교 교육의 혁신을 이끄는 데 주력했다.

학생들의 국제화 교육에도 관심을 두고 있다. 2019년 미국 뉴욕의 할렘 프렙 하이스쿨과 교류를 한 데 이어 겨울방학 중 '미국의 8학군'으로 불리는 버지니아주 페어팩스 카운티의 제임스 매디슨 고교와도 교환학생 제도 운용 등 국제교류 프로그램을 진행했다.

학교의 끊임없는 노력이 경신고 등 대구 명문 남고를 제치고 대구에서 사상 처음으로 서울대에 가장 많은 합격자를 낸 학교가 되었다. 앞으로 정화여고가 얼마나 더 발전할지 잘 지켜보아야 할 것이다.

안양의 일등 일반고 신성고

안양시 일반고의 대표주자인 신성고의 2020학년도 서울대 등록자 수는 정시 6명, 수시 2명이었다. 200여 명의 학생을 수용할 수 있는 기숙사 운영으로 학업에 집중할 수 있는 환경을 갖추고 있다. 그동안 정시가 강한 학교로 인식되어왔으나 비교과활동의 활성화로 정시와 수시의 균형을 고르게 유지하고 있다.

신성고는 이과 학생에 비해 문과 학생의 비율이 낮지만 문과 학생들의 진학 실적은 이과 못지않게 좋다. 신성고의 수학·과학 중점교육은 수준별 이동 수업을 통한 맞춤형 수업으로 수학 실력을 쌓을 수 있고 1년에 4회 재편성해 운영하고 있다. 학생들의 사교육 의존율을 낮추기 위해서 방과후 수업 개설 및 꾸준한 자기 주도 학습을 하고 다양한 교육과정을 통한 학생 맞춤형 수업도 진행하고 있다.

학교가 가장 강조하는 것은 독서이다. 신성고는 '신성 독서 3품제'를 운영하고 있다. 학생들에게 독서 3품제 기록장을 나눠주고 독서지수를 평가해 '1품/2품/3품'을 받게 하는 제도이다. 독서지수가 2,000점 이상이면 1품을, 1,500점 이상이면 2품, 1,000점 이상이면 3품을 받게 된다.

필독 인증도서와 개인 자유 선택 도서를 읽고 500자 이상의 감상문을 작성해 독서교육 종합지원시스템을 활용해 기록한 뒤 출력해 제출하면 건당 80점의 점수를 받는다. 이 점수에 퀴즈대회 다독상 등 독서활동 수상 실적, 대출과 연체 등을 점수로 반영, 합산해 독서지수를 부여한다.

신성 독서 3품 이상을 받으려면 필독 인증도서 20권 중 10권 이상은 읽어야 한다. 필독 인증도서는 도서관에 별도로 비치해두어 학생들이 활용할 수 있게 했다. 여기에 개인 자유 선택도서를 읽어 인증 점수를 획득해야만 한다.

7월과 12월에는 다독 학생을 시상하고 독서퀴즈대회도 실시한다. 특히 교과 시간 내에 주당 1시간 독서 시간을 확보했다. 독서를 강조하는 학교답게 단독 건물에 6만여 권의 장서를 소장한 도서관을 갖췄다.

신성고는 최고의 교육 환경을 조성하기 위해 10대 특색 사업으로 인성교육, 지역사회 연계 프로그램, 사교육 절감 교육과정, 수학·과학 중점교육, 외국어 중점교육, 예체능 1인 3기 교육, 체육특기생, 독서 및 논술 교육 활성화, 문화예술교육활동, 기숙사를 운영하고 있다.

예체능 1인 3기 교육으로 1학년은 수영과 통기타, 2학년은 골프 수업을 진행한다. 신성고에는 체육(수영, 골프, 댄스스포츠) 특기생들이 있어 수영장과 골프장이 설치되어 있다. 학교는 이러한 시설을 활용해 1학년 전교생에게는 수영을, 2학년 전교생에게는 골프 활용법을 가르치고 있다. 김시우, 김민희, 김경태, 김비호 등의 프로골프 선수들이 바로 신성고 출신이다.

신성고는 시에 소속된 자원봉사센터와 연계해 격주로 봉사활동을 펼치고 있다. 신성고 재학생들은 죽음을 앞둔 환자들이 있는 호스피스 병동을 방문하고, 요양원을 찾아가 필요한 이들에게 발 마사지를 해주고 있다. 이를 위해 발 마사지 방법도 습득한다. 이들 활동이 학생부종합전형에 요긴한 자료로 활용되는 것은 당연하다.

강남 8학군 못지않은 파주 운정고

운정고의 2020학년도 서울대 등록자 수는 정시 12명, 수시 4명이 었다. 상위권 대학 진학률이 높아서 인근 일산의 우수한 중학생이 많이 지원한다. 게다가 자율형 공립고라서 타 일반 고교보다 지원 이 더 많다.

창의 지성 UP 프로그램, 과학 인재육성 프로그램, 문화체육활동 프로그램이 있는데 각 프로그램별로 6~8개의 활동이 가능하고 전교생 1인 3기 교육을 통해서 1학년 때는 유도와 해금, 2학년 때는 기타 강습을 받을 수 있다. 또 생명실, 물리실, 화학실, 지구과학실 등 특별실이 있어서 효율적인 학습 활동이 가능하다.

운정고는 학생들 계열 성향에 맞게 문학기행은 물론 미국 명문대 탐방, 천체관측 체험학습, 글짓기·시사 경시대회 토론대회는 물론 수학·과학 관련 행사 진행, 예체능 등 동아리활동을 강화하고 있다. 이와 함께 2019년 10월 사회적 협동조합 학교 가게인 '정다운 정'을 학교 내에 열어 학생들의 부담을 덜어주고 있다.

이러한 창의적이고 다양한 자기 주도 학습 활동으로 운정고는 최근 2년 동안 한국 수학 올림피아드, 경기도 학생 과학발명품경진대회, 경기도 회장기 육상대회, 전국호수예술제 등에서 두드러진 성적을 거두었다.

운정고에서는 매년 11월에 소논문발표대회를 열어 학생들이 스스로 특정 과제에 대해 문제를 발견하고 연구하도록 한다. 진로진학이나 수학 및 과학 분야에서 전문적 학습 공동체를 구성해 공통 관심사를 바탕으로 전문적인 지식을 탐구하고 공유하는 활동을 권장한다. '혁신 공감 학교' 활동을 통해 인근 중학교 학생들에게 통합적인 지식 나눔을 실천하고 있다.

또한 유튜브 번역자막제공반, 심리학연구 프시케노트반, 유기견 봉사동아리 라온제나 등 교육과정동아리 60개, 운전환경생태 지킴이, 천체관측동아리 폴라리스, 사관생도·체대 전문 체력 기르기반 등 자율동아리 70개로 총 130개의 동아리가 운영되고 있다.

인성교육을 위해 전교생을 대상으로 1인 3기 교육을 한다. 1학년 때는 해금과 유도를 배우고, 2학년 때는 기타를 배우는데 주 1회 정규 수업시간에 진행된다. 학생들이 중심이 된 다양한 동아리활동과 예술교육, 스포츠활동을 통해 학업 스트레스를 풀어내고 있다.

'사교육 없는 학교 만들기'를 위한 실천사업으로 실시하고 있는 '학생 맞춤형 방과후 학교'에서는 수요자가 원하는 맞춤형 강좌를 개설하고 있다. 일반 방과후 학교 프로그램은 이지적 수학탐구반, 인문 튼튼반 등 국·영·수·탐구 과목 중심으로 44개 강좌가 운영되고 있다.

심화 방과후 학교 프로그램은 로봇 활용 STEAM반, 운정칸타빌레 관현악반 등 동아리활동과 연계한 심화 전문과정으로 8개 강좌가 개설돼 있다. 그 밖에도 미국 동·서부 명문대 탐방, 영어 토론대회, 영어 에세이 콘테스트, 외국어 합창대회 등을 개최하고 있다.

운정고는 지역의 특목고인 고양외고나 고양국제고, 김포외고보다 내신이 더 어렵기로 유명하다. 파주, 일산 지역에서 최우수그룹의 학생들이 진학하는 학교라서 내신 경쟁이 치열할 수밖에 없다. 다양한 수시 대비 프로그램이 있지만, 결국 대학 진학은 주로 정시로 가는 경향이 나타날 수밖에 없다.

직업군인 자녀에게 추천하는
한민고

경기도 파주에 자리 잡은 한민고는 전국구 모집 일반고이다. 2020 학년도 서울대 등록자 수는 정시 2명, 수시 14명이었다. 같은 지역에 있는 정시 중심의 실적을 내는 운정고와는 극명하게 색깔을 달리 하는 학교이다.

기숙사 설비 자금으로 350억 원을 내줄 만큼 국방부가 적극 후원하는 학교로 직업군인들의 빈번한 근무지 변경으로 인한 군인 자녀들의 어려운 교육 여건 개선이 주된 설립 목적이다. 전체 모집인원의

70%(255명)는 전국에 있는 군인 자녀면 누구나 지원할 수 있다. 나머지 30%(109명)는 경기도 지역의 학생을 대상으로 해서 중학교 내신 성적만으로 선발한다.

한민고는 '사회교과중점학교'이자 '소프트웨어융합교과중점학교'로도 지정돼 있다. 따라서 해당 분야의 수업 및 연구활동이 다른 학교에 비해 훨씬 풍성하게 이루어지고 있다. 고교학점제 선도 학교로 운영되면서 전교생이 자신의 진로와 적성에 맞춰 정규 수업시간표를 설계하고 있다.

한민고는 특징적인 교육 환경을 기반으로 군인 자녀뿐만 아니라 경기도의 우수 인재들에게도 인기가 매우 높은 학교이다. 특히 일산 지역의 학생이 많이 지원하는데 선발 내신 합격선이 높은 관계로 최우수 학생들만 지원하는 실정이다.

특정계열에 치우치지 않은 균형 잡힌 프로그램이 한민고의 강점이다. 인문계열은 '율곡 프로그램', 자연계열은 '장영실 프로그램'으로 대표된다. 율곡 프로그램은 인문학 각 분야의 롤모델을 분석하고 탐구해봄으로써 깊이 있는 사고와 통찰력을 함양하는 '창의 인문학 캠프', 논술 토론은 물론 사회현상이나 사회문제에 관한 관심을 높이는 '토론대회', 동양고전(논어, 대학)의 인문학적 해석을 다양한 교과와 융합해 탐구함으로써 인문학적 소양을 배제하고 창의적으로 사고하는 태도와 바른 인성을 함양하는 '인문학당' 등이 있다.

특히 교육부가 선정하는 '사회교과중점학교'로서 전공별 사회탐구

교과를 선택적으로 수강할 수 있는 점도 특징이다. 그 밖에도 인문과 정 과제연구, 세계문화탐구활동, 독서 골든벨, 모의 유엔, 철학 글쓰기 등 열거하기 힘들 정도로 다양한 프로그램을 제공한다.

자연계열을 대상으로 하는 장영실 프로그램은 '수리과학영재반' 이 대표적이다. 수학·과학 분야의 과제집착력과 창의력 탐구능력이 뛰어난 인재를 발굴해 체계적인 교육을 제공함으로써 개인의 자아실현을 도모하고 국가·사회 발전에 기여하는 인재를 양성하는 것을 목표로 하고 있다.

보고 듣고 만지는 체험형 수학교육으로 학생들이 스스로 수학의 원리를 깨닫고 흥미를 느끼게 하는 '창의 수학 캠프', 창의적 사고, 알고리즘적 사고를 가진 정보 영재를 양성하는 '정보 캠프', 기초과학의 대중화를 위해 KAOS재단이 주최하고 서울대 자연과학대학이 후원하는 강연인 '카오스 강연'뿐 아니라 자연과정 과제연구, 수학 캠프, STEAM 탐구활동, 과학축전, 노벨과학에세이, 과학전공역량 탐구활동 등을 실시한다.

한민고의 실적이 더욱 돋보이는 것은 사교육이 원천적으로 차단된 공교육의 힘만으로 이루어낸 성과라는 점 때문이다. 재학생 100% 기숙사 생활을 하는 기숙형 고교인 만큼 한민고 재학생들의 사교육 의존도는 거의 없는 편이다. 학생들은 한 달에 한 번 귀가할 수 있고, 외출은 한 달에 한 번 허용된다. 구조부터 사교육이 원천적으로 차단된 셈이다.

앞으로 학교 교육이 추구해야 하는 것이 무엇인지를 한민고가 구체적으로 보여주고 있다. 자기 주도 학습 능력을 갖추고 학업 능력이 우수하며 적극적이고 진취적인 태도로 학교생활을 해나갈 자신이 있는 학생이라면 적극적으로 한민고에 도전해보길 권한다.

경기도 오산의 명문 세마고

경기도 오산에 있는 세마고의 2020학년도 서울대 등록자 수는 정시 9명, 수시 4명이었다. 2019학년도까지는 자율형 공립고로 학생을 선발하였으나 자공고 취소 결정으로 2020학년도 신입생은 일반고로 선발했다. 그러나 도교육청에서 예산 삭감 없이 최소 3년 이상 지원하겠다는 공문이 내려진 상태라서 경기교육청 지정 과학중점과정 운영은 2024년까지 차질 없이 진행될 것이다.

세마고는 내신 경쟁이 치열해서 최소 내신 4등급 이내를 목표로 하고, 안 되면 정시에 올인하는 경향을 보인다. 내신보다는 모의고사 성적이 우수한 경우가 대부분이기 때문이다. 예년의 대학 진학 사례를 보면 고려대학교는 내신 2.5 정도로 학생부종합전형으로, 내신 5.85로 정시에 합격한 사례가 있다.

학생 300명을 수용할 수 있는 최신식 기숙사도 정시 실적을 만들어내는 데 일조했다. 또 세마고는 관내 유일하게 석식을 제공하고 야간 자율학습을 운영하고 있다.

세마고의 학습 프로그램 중 '2+1 이동 수업'은 학생들의 학력신장에 좋은 영향을 미치는 프로그램 중 하나이다. 2개의 학급을 3개 반으로 나눠 교사 1명당 맡는 학생 수를 줄인 것으로 완전한 소집단 학습이 가능하다. 세마고는 2016년부터 과학중점학교로 지정되어 수학과 과학 수업을 비롯해 관련 교과의 특강 및 교육 프로그램을 확장해나가고 있다.

세마고는 1인 1과제 소논문 프로젝트를 시행하고 있다. 세마고 학생들은 2학년 때 희망 진로와 관련 심화학습을 위해 누구나 소논문을 작성할 수 있다. 논문 작성 연습, 정보 공유, 발표 훈련을 동시에 진행하면서 학문적 역량도 키울 수 있다.

세마고에서는 주요 과목 중심으로 매주 주중·주말 학습 과제가 나가는데, 교사들은 과제 점검으로 학생들의 문제점을 파악해 수업의 질을 높인다. 1학년 학생을 대상으로 1:1 클리닉 학력 점프 업 교실을 무료로 운영하며 사교육을 받을 수 없는 환경을 고려해 교과별로 다양한 방과후 프로그램도 개설돼 있다. 신입생 입학 전 프로그램으로 학생들의 적응을 돕고 고입 시험 이후의 학습 공백기를 최소화하기 위해 과제물 수행 학습 프로그램도 진행된다.

세마고가 자공고에서 일반고로 전환한 후에도 지금의 높은 대학 실적을 유지할 수 있을지는 세간의 관심사이다. 3년 후의 실적을 믿고 있는 사람이 많음을 염두에 두길 바란다.

전국권 자사고 못지않은
화성고

경기도 화성시에 있는 화성고의 2020학년도 서울대 등록자 수는 정시 16명, 수시 6명이었다. 2020학년도에는 의학계열 합격생이 72명(중복 합격자 포함)이나 되어 화제가 되기도 했다.

화성고는 교과부 지정 기숙형 고등학교로 비평준화지역 일반고이다. 입학 시 기숙사 입소 성적기준은 1년간 유효하며, 2학년 올라갈 때는 1학년 6월, 11월 모의고사와 1학년 내신이 반영된다. 학부모들이 후기 기숙형 선발고를 선호하는 이유는 면학 분위기 조성, 체력관리 용이, 통학시간 절약, 자율학습시간 확보 등 때문이다. 기숙생활로 협동과 배려를 배우고 가족과 같은 친구를 얻는다는 점도 큰 장점이다. 하지만 학원교육을 충분히 받을 수 없다는 점은 단점이다.

지정좌석 학습실은 독서실처럼 되어 있는데 전교생에게 지정되며 3개월에 한 번씩 랜덤으로 자리가 배치된다. 보통 학생들은 밤 12시까지 학습실에서 공부하다가 기숙사에서는 잠만 잔다.

화성고의 특징적인 프로그램으로 TUTOR 제도가 있다. 튜터란 옥스퍼드나 케임브리지 같은 영국 명문대학의 개별 지도교수제를 일컫는 말이다. 대개의 고등학교에서 보충 수업은 35~40명의 단위로 편성되는 데 반해, 화성고는 10명 내외의 그룹으로 수준을 세분하여 밀도 높은 토론식 수업이 가능하게 했다. 이 수업의 특징은 학생 눈높이에 맞춘 질의응답식 수업, 자신에게 필요한 수업과 교수 선택 가능, 본교 교사와 검증된 외부 강사로 구성된 우수 강사진, 전담 교사의 체계적 관리에 의한 방과후 프로그램 등이다.

또 다른 교육 프로그램으로 NEST(Network for English Speaking and Teaching) 시스템이 있다. 둥지란 뜻의 NEST는 화성고등학교에 구축된, 강화된 형태의 영어 사용과 교육 환경을 가리킨다. 영어로 대화하기를 희망하는 교내 구성원들로 네트워크를 구성하여 구성원 간에는 항상 영어로 대화할 수 있도록 한다. 또 교내 영어 편지쓰기 대회, 교내 영어 에세이 쓰기 대회, 교내 NEST 토론대회를 운영하고 있다.

NEST 토론대회는 사회적으로도 이슈인데, 학생들이 흥미와 관심을 가질 수 있는 주제를 선택해 그룹별로 예선, 본선을 거쳐 결승에 올라온 두 팀이 찬성 혹은 반대의 입장에 서서 토론하게 한다. 이를 통해 학생들이 주장과 논증을 영어로 연습하여 제시함으로써 논리적 표현에 대한 자신감이 배양되고, 자신의 의견을 영어로 개진할 수 있는 기본 스피킹 및 프레젠테이션 능력을 발전시킨다. 교내 NEST 장학퀴즈 대회와 NEST 문집도 영어로 발행하고 있다.

이런 일련의 과정을 통하여 화성고는 향후 한층 더 발전할 수 있는 토대를 마련하고 있다. 앞날이 기대되는 학교이다.

명문 일반고의
공통점

소위 잘나가는 일반고는 공통적인 특징이 있다. 다음 세 가지가 모든 명문고에서 보이는 공통된 특징이다. 이를 염두에 두고 입시전략으로서 고등학교를 선택하길 바란다.

첫째, 우수한 학생들이다. "콩 심은 데 콩 나고 팥 심은 데 팥 난다."라는 속담이 있다. 아무리 학교에서 노력해도 학생들이 따라와주지 않으면 소용이 없다. 이번 장에서 언급한 명문 일반고의 학생들은 모두 자질이 우수하다.

선발로 학생들을 모집하지 않더라도 지역에서 우수한 학생들이 오기 때문에 입시에서 실적이 나는 것이다. 아무리 우수한 시스템을 가지고 있어도 학생들의 자질이 없으면 무용지물이다. 일단 일반고를 생각하면 우수한 학생이 많은 학교를 선택하는 것이 학습 환경에 유리하다. 특히 수능으로 대학 진학을 꿈꾸는 학생들은 꼭 이 점을 점검해야 한다.

둘째, 열성적인 교장과 교사 집단이 있다. 대부분의 학교에서는 진학 정책을 교사가 앞장서서 제시하기보다는 교장이나 교감이 먼저 제안하는 경우가 많다. 좋은 학교인지를 알려면 먼저 교장과 교감에 대한 평판도를 조사해보면 좋다. 교장이 대학 진학에 열정적이면 교사도 열정적이 될 수밖에 없다.

셋째, 교사집단의 평균 연령대가 낮다. 예를 들어 학종을 준비하려면 일단은 선택 과목이 다양하고 수업의 질이 좋아야 한다. 평균 연령이 높으면 아무래도 이런 면에서 열정적으로 준비하기 힘들다. 만일 A고교와 B고교 사이에서 선택을 고민 중이라면 교사의 평균 연령을 비교해보면 결정에 도움이 될 수 있다.

넷째, 입시에 대해 학부모와 학교가 지향하는 목표가 같다. 학교는 인성을 중시하고 인격도야에 힘쓰는 데 반해 학부모는 입시 실적에 치중하면 엇박자가 나서 결과가 좋지 않다. 학교가 지역사회의 니즈에 얼마나 부합하는지 여부가 명문고의 필수 요소이다.

CHAPTER
5

계열 성향은 고교 입학 전에 찾아라

고교 특성별로 걸맞은 학생 유형

일반고에
적합한 학생 유형

일반고는 준비하던 특목고나 전국권 자사고에 떨어져서 어쩔 수 없이 가거나 그냥 지역 추첨으로 가는 경우가 많다. 그런데 일반고에 적합한 유형의 학생도 있다. 이런 학생들은 전략적으로 일반고를 선택하는 것이 유리하다. 어떤 유형의 학생이 일반고에 적합한지 알아보자.

첫째, 비교육특구 지역의 학생 중 착실하지만 수학, 영어, 과학 등 주요 과목의 선행 또는 심화가 충분히 대비되지 않은 학생이다. 이

유형의 학생이 만일 전국권 자사고나 특목고로 진학하게 되면 전문 교과, 즉 수학, 영어 등의 과목에서 내신 성적이 상위권에 들어갈 가능성이 낮다.

전국권 자사고나 특목고는 전문교과가 많이 편성되어 있고 학교 내 관련 과목의 진도도 매우 빠르게 진행되고 학교 시험도 심화 문제 위주로 출제된다. 따라서 중학교 때 충분한 학습이 되어 있지 않으면, 학교 내신 대비나 교과목 선택에서 어려움을 겪을 수밖에 없다. 이런 학생들은 차라리 선행이나 심화가 깊지 않은 일반고에 진학하는 것이 여러모로 유리하다.

둘째, 교대 진학을 생각하는 학생이다. 교대는 설립 목표가 초등학교 교사 양성이다. 특정 과목만 잘하는 학생보다는 모든 과목을 골고루 잘하는 인성이 좋은 학생을 선발한다. 그러므로 과학고나 외고 학생보다는 모든 과목을 골고루 배우고 졸업한 일반고 학생이 더 적합하다. 교대는 학생부종합전형에서 내신 비중이 타 대학보다 크므로 자연히 특목고나 전국권 자사고 학생보다는 일반고 학생이 더 유리하다.

셋째, 기숙사 생활을 두려워하는 학생이다. 집을 떠나 기숙사 생활을 하는 데 불안감을 느끼는 학생이 있다. 학원 수업에 많이 기대는 학생들은 학원 수업을 쉽게 받을 수 없는 특목고나 전국권 자사고는 적합하지 않다.

넷째, 자신의 적성을 아직 확실히 발견하지 못한 학생이다. 막연히 과학고나 외고를 진학해서 자신의 적성이나 흥미가 자신이 다니는 학교와 일치하지 않음을 발견하면 참으로 낭패가 아닐 수 없다. 차라리 모든 교과가 골고루 배정되어 있고 한 학기 이수 이후에 자신의 선택 과목을 정할 수 있는 일반고가 적합하다 .

일반고에 적합한 유형도 있나 싶을 것이다. 90% 이상의 학생은 일반고를 가는 것이 현실이다. 그래도 수동적으로 끌려가지 말고 적극적으로 대비를 해서 일반고를 가자. 나의 적성이나 유형이 특목고나 전국권 자사고에 맞지 않으면 굳이 갈 필요가 없다. 이제 일반고도 전략적으로 선택해야 하는 시대가 온 것이다.

영재고·과학고에 적합한 학생 유형

입시 컨설팅을 해보면 많은 학부모가 "몇 살에 말을 시작했다.", "외국어를 몇 살 때부터 했다.", "몇 살에 구구단을 깨쳤다.", "곱셈, 나눗셈을 몇 살에 했다." 등 어렸을 때의 아이 모습에서 학습 능력을 찾으려 한다. 그런데 이런 일은 옆집에 있는 철수나 영희에게도 일어난다는 것을 알아야 한다.

너무 주관적인 현상에만 집착하면 객관성을 잃어버릴 수 있다. 객관성을 잃으면 자녀에게 과도하게 기대하게 되고 이것은 고스란히 자녀에게 부담으로 작용해서 숨어 있는 장점마저 놓칠 수 있다.

내 경험상 초등학교 5학년~중학교 1학년까지의 학생 중 다음과 같은 성향이 있는 아이는 과학고나 영재고 학습을 해도 된다. 자녀의 특성을 잘 살펴보고 장래 계획을 세우길 권한다.

첫째, 수학의 논리성과 사고력에 흥미를 보이면서 스스로 학습을 원하는 학생이다. 구체적으로 말하면 수학에서 도형문제를 재미있게 풀고, 스스로 어려운 문제에 도전하는 것을 즐기는 학생이다. 부모가 억지로 시켜서, 학원 숙제라서 마지못해 하는 게 아니라 스스로 즐기면서 수학 문제를 푼다. 과도한 학습에 지쳐서 짜증을 내기도 하지만 본질적으로 수학적 사고를 즐긴다. 이런 학생은 수학 선행이나 심화학습을 많이 해도 지치지 않고 따라가고 종국에는 영재고나 과학고에 진학할 확률이 높다.

둘째, 수학뿐만 아니라 외국어에도 흥미를 느끼는 학생이다. 영재고 유형은 수학이나 과학만 좋아하지 외국어에는 관심이 없다고 생각하는데, 실제로 영재고 학생들은 수학뿐만 아니라 외국어에도 높은 자질이 있을 뿐만 아니라 책 읽기를 좋아하는 학생이 많다.

따라서 수학, 과학 학원만 보내지 말고 외국어 학습도 집이나 학원에서 하길 추천한다. 영재고 커리어를 보면 수학, 과학뿐만 아니라 인문, 융합 쪽의 과목도 많이 배치되어 있다. 괜히 이들 과목을 편성하는 것이 아니다.

셋째, 기본적으로 과학 과목에 흥미를 느끼는 학생이다. 수학만 죽어라고 좋아하고 과학은 전혀 흥미가 없는 학생은 드물다. 우리나라 영재고나 과학고 입시 체제에서는 과학에 흥미가 없는 학생이 합격하기는 매우 힘들다.

만일 자녀가 수학과 외국어를 잘하는데 과학 쪽에 흥미가 없으면 학부모들이 각종 실험이나 체험활동을 경험하게 해주면 좋다. 아이가 자신에게 맞는 과학 과목을 발견할 수 있도록 도움을 주는 것이다. 그래도 과학에 관심이 없으면 차라리 다른 학교 유형을 선택하는 것이 나을 수 있다.

영재학교인 서울과학고가 의대를 많이 보내서 영재학교를 의대 가는 통로로 여기는 학부모도 있을 텐데, 정부에서는 영재학교를 거쳐 의대로 가는 길을 열심히 차단하는 중이다. 추천서도 써주지 않을 뿐만 아니라 장학금도 의대를 가면 환수한다. 영재학교를 거쳐 의대에 합격한 학생들은 다른 학교에 갔어도 의대에 갔을 학생들이다.

영재학교는 초·중등교육법에 제약을 받지 않아 특목고나 자사고와 달리 지필고사를 보고 아이들을 선발할 수 있다. 영재학교에 가려면 수학, 과학 적성에 뛰어난 학생이 유리하다. 학교 특성상 어느 정도의 선행이 되어 있어야 입학해서 교육과정에 적응하는 데 유리하다.

수학, 과학에 뛰어난 적성을 가진 학생이 아니면 영재학교는 권하지 않는다. 굳이 수학, 과학 영재가 아닌 자녀를 무리하게 진학시키려 하지 말자. 무리하면 결과가 좋지 않다. 위에서 언급한 적성 중 일부만 해당하는 학생들에게는 차라리 다양한 교육과정을 맛볼 수 있는 전국권 자사고나 일반고 진학을 권한다.

전국권 자사고에
적합한 학생 유형

　요즘 전국권 자사고에는 인문계열 성향의 학생들을 찾아보기 힘들다. 7:3 또는 8:2 비율로 이공계열 성향의 학생이 많다. 학교에서 일부러 이공계열 성향의 학생을 많이 선발하는 것은 아니다. 시대적 흐름상 이공계열이나 의학계열 진학자 중에 우수한 학생이 많아서 나타나는 현상으로 보인다. 전국권 자사고 학생들이 의대에 많이 합격하기 때문에 의학계열 진학을 원하는 학생이 집중되는 경향도 있다.

　다음은 내 경험을 바탕으로 전국권 자사고에 합격하는 유형을 정리한 것이다. 자녀의 대입 전략을 짤 때 참고하기 바란다.

첫째, 소위 모범생 유형이다. 성실하게 학교생활을 잘하는 학생들이다. 대체로 부모에게 순종적이고 자신의 의견을 강하게 말하지 않는다. 자신의 인생 목표를 중학교 1학년이나 2학년 때 본인 스스로 수립한 학생이 많다.

천재적인 머리를 가진 학생들이라기보다는 노력하는 유형이 많다. 학생 본인도 과학고나 영재고에는 적합하지 않으며 노력해야 그런 학생들과 경쟁할 수 있다고 여긴다. 이들 유형의 학생은 생활기록부 내용이 풍부하다. 동아리활동, 독서, 봉사활동이 풍부하며 행특, 세특에서 모두 우수한 평을 받는다.

둘째, 의학계열로 진학하겠다는 생각이 확고한 유형이다. 보통 이러한 유형은 영재고나 과학고 유형의 학생들과 어느 정도 중복된다. 수학, 과학 과목을 특별히 좋아하고 열심히 한다. 그러나 의대를 가야겠다는 목표가 있으므로 전략적으로 전국권 자사고에 진학한다.

이들 유형의 학생은 대부분 중학교 2학년 말이나 중학교 3학년 초에 전국권 자사고로 진로를 변경하는 경우가 많다. 상산고 입학생에게서 가장 흔하게 볼 수 있는 유형이기도 하다.

셋째, 학교 자체에 끌리는 유형이다. 자신의 적성을 정확히 파악하지 못한 학생이 많다. 주로 중립적인 성향의 학생으로 보이는데, 자세히 분석해보면 이공계 성향의 학생이 많다. 학교설명회나 그 학교에 진학한 선배들의 말을 듣고 그 학교에 꼭 가야겠다는 생각을 굳힌 학생들이다. 이런 유형은 하나고, 외대부고, 인천하늘고 지원생에게서 많이 발견된다.

전국권 자사고는 과학고나 영재고와 달리 수학, 과학의 필기시험이나 심층 면접이 없고, 자기소개서와 생활기록부를 기반으로 한 면접이 시행된다. 전국권 자사고 진학을 원하는 학생들은 중학교 1학년부터 최소한의 생활기록부 관리를 시작해야 진학에 유리하다.

막연히 영재고, 과학고 시험을 다 치고 나서 불합격되니 그때야 비로소 전국권 자사고 진학을 생각하는 학생들은 불합격될 가능성이 높다. 전국권 자사고인지 과학고, 영재고인지는 중학교 1학년 때 꼭 결정하도록 하자.

04

외국어고·국제고에
적합한 학생 유형

요즘 입시의 추는 이공계열로 많이 기울어져 있지만, 인문사회계열 전공을 원하는 학생들에게는 2024년까지는 외고·국제고가 일반고보다 입시 실적이 월등하다.

입시 현장에서 느끼기에 10년 전보다 외고 진학이 훨씬 쉬워졌다. 수학을 1단계 전형 과목에서 제외한 것이 영향을 준 듯하다. 그런데 서울 지역 외고의 서울대 진학률은 10년 전보다 더 높아졌다. 이는 아직 외고의 학교 경쟁력이 탄탄하다는 반증이다.

다음은 내 경험을 바탕으로 외고나 국제고를 진학하는 학생 유형을 정리한 것이다. 자녀의 대입 전략을 짤 때 참고하기 바란다.

첫째, 외국어 특히 영어에 대해 자신감이 있고 문법이나 단어 암기 등을 귀찮아하지 않는 유형이다. 대부분의 학생은 문법 이해나 단어 암기를 귀찮아하는데 이들은 오히려 그 과정을 당연히 받아들이고 열심히 한다. 대체로 수학, 과학을 싫어한다. 간혹 과학을 좋아하는 학생이 있다.

둘째, 독서를 좋아하는 유형이다. 요즘 외고에 진학하는 학생들의 진로희망은 PD나 영화감독이 많다. 그러다 보니 그 분야의 책을 읽는 학생을 쉽게 볼 수 있다. 사회 과목이나 경제에 흥미를 가지는 학생이 많다. 이들은 주로 독서 동아리나 토론 동아리, 방송반 동아리가 많다. 과학고나 영재고에 진학하는 학생보다 자율활동에서 리더십을 발휘하는 경우가 많다.

셋째, 감수성이 예민한 유형이다. 논리적, 수학적 사고력보다는 감성적인 성향의 학생이 많다. 창작활동이나 사회현상에 관심이 많고 비판적인 시각을 가졌다. 비판적 사고력은 인문사회계열 진학생들의 공통적인 특징이다. 문제의 해결책을 스스로 구상해놓은 학생들이 외고에 많이 합격하는 것을 볼 수 있다.

장래 취업에 대한 우려감 때문에 인문계열의 학과보다는 이공계열 학과에 진학하길 원하는 학부모가 많다. 나는 근래에 부모의 강력한 권고로 인문계열 성향의 학생들이 고등학교에서 이공계열을 선택해 입시에 실패하고 결국은 재수를 해서 인문계열 학과에 진학하는 경우를 많이 보았다.

계열 성향을 바꾸려면 초등학교 때부터 수학에 관한 관심을 유도해야 하는데, 이런 과정 없이 고등학교 때 계열 성향을 바꾸면 실패 확률이 높다.

2024학년도까지 주요 16개 대학의 정시 수능 위주 전형이 40% 이상으로 확대되지만 외고·국제고는 수능 위주 전형과 학생부종합전형에서도 강세를 보이는 만큼 문제없을 가능성이 높다. 외고·국제고가 대학 진학에는 일반고에 비해 유리하므로 인문사회계열의 학생들은 적극적으로 외고나 국제고 진학에 도전해보길 추천한다.

농어촌 자율고에
적합한 학생 유형

입시 컨설팅을 할 때 전국권 자사고나 외고뿐만 아니라 농어촌 자율고에 대한 학부모 문의가 늘고 있다. 다음은 내 경험을 바탕으로 농어촌 자율고를 진학하는 학생 유형을 정리한 것이다.

첫째, 교육특구 지역이 아닌 지역의 우수 내신을 가진 유형이다. 강남이나 목동 등 서울의 주요 지역이 아닌 재학생 중 전교권의 내신을 가진 학생이다. 내신은 최상위권이지만 영어, 수학, 과학 등 주요 과목에서 선행이나 심화학습이 충분하지 않은 학생이 많다.

특목고나 전국권 자사고에 진학하기에는 내신에 자신이 없다고 판단하고 비교적 내신 따기가 수월하다고 생각되는 농어촌 자율고로 진학을 원하는 것이다. 이들 학교가 대입 실적에서는 특목고나 전국권 자사고와 대등하므로 더욱더 진학하고자 한다.

둘째, 특목고나 전국권 자사고를 가고 싶으나 경제적 상황 때문에 농어촌 자율고를 선택하는 유형이다. 농어촌 자율고는 농어촌이라는 특수성으로 기숙사비나 등록금이 특목고나 전국권 자사고에 비해 월등히 싸다. 기숙사비와 등록금을 다 합해도 월 65~85만 원이면 충분하다. 서울에서 1~2과목 학원 수강료와 비슷하다.

부모의 경제적 상황을 고려해 지원하는 경향이 있다. 즉 효녀, 효자 타입의 학생이 많다. 그러다 보니 인성적으로 성숙한 학생을 많이 발견할 수 있다.

셋째, 학교의 특별한 매력에 이끌려 지원하는 유형이다. 일례로 공주 한일고를 지원하는 학생들은 사관학교, 경찰대같이 특수대학 진학을 원하는 경우가 많다. 공주 한일고는 남자고등학교로서 해마다 사관학교와 경찰대에 높은 합격률을 자랑한다. 또 거창고는 기독교 계통의 학교로서 설립자가 목사님인 학교로 뚜렷한 대입 실적보다 인성교육으로 더 유명하다.

농어촌 자율고는 거의 내신으로 선발하고 면접이 없다. 그러니 이들 학교 지원을 생각하는 학생들은 무엇보다 학교 내신 관리를 최우선으로 생각해야 한다.

자신의 계열 성향을 파악해
상위권 대학 진학에 성공하다

A군은 소위 교육특구 지역에 사는 학생이다. 수학, 과학 등에 심화나 선행이 충분치 않아서 특목고나 전국권 자사고는 적합하지 않다고 생각하고 일찌감치 일반고로 마음을 정하고 열심히 노력했다.

중학교 시절에도 과도한 선행보다는 현행 학습에 집중했다. 수학 과목도 1년 정도의 선행만 하고 대신에 현행 학습을 철저히 했다. 영어, 수학뿐만 아니라 국어도 게을리하지 않고 학교 수업과 독서에 충실했다.

고교 진학 후에는 모의고사보다 학교 내신에 집중했다. 주요 과목은 학원에 의존하였으며 예습, 복습도 철저히 했다. 결국 전체 과목의 내신은 2등급 초반대를 기록했다.

이공계열로 대학 진학을 결심한 후에는 3년 동안 화학공학과 진학으로 분명하고 일관된 진로희망을 보여주었다. 3년 동안 다양하고 폭넓은 분야의 책과 전공 관련 책을 연간 20권 이상 읽었으며, 과학연구 동아리 반장으로서 주도적으로 동아리활동을 이끌었다. 학급 임원으로도 활동했으며 동아리 반장의 역할에도 충실했다.

신소재를 주제로 R&E(탐구 발표) 대회에 참가해 참가, 수상함으로써 학업 역량도 보여줄 수 있었다. 그리고 수학과 과학 등의 각종 경시대회와 R&E(탐구 발표) 대회에 참가해 수상하는 등 자신의 관심 분야와 진로와 연계된 전공 적합성이 좋은 평가를 받아 자신이 원하는 대학 및 학과에 진학하는 데 성공했다.

이 사례를 보면 A군은 일반고에 진학해서 성공했다기보다는 자신의 계열 성향과 유형을 미리 파악하고 대비를 철저히 해서 성공한 케이스라고 볼 수 있다. 자신의 능력을 객관적으로 파악하고 부족한 점은 학원을 활용해서 메울 수 있어야 한다. 특목고나 전국권 자사고에 진학하는 것만이 능사가 아님을 A군은 잘 보여주고 있다.

CHAPTER

6

중학교 3학년까지는 계열 성향을 바꿀 수 있다

이공계열 성향으로 바꾸는 방법

계열 성향은
바꿀 수 있다

상위권 자녀를 둔 학부모는 모두 의대만 바라보고 있다. 최소한 이 공계라도 보내고 싶어 한다. 여기서 문제가 발생한다. 아이는 수학, 과학보다는 영어나 사회 과목에만 흥미를 나타내는 문과형이다. 인문계를 가면 취업도 어려운데, 걱정이 한가득이다.

과연 이런 문과형 학생들을 이과형으로 바꿀 수는 없을까? 바꿀 수 있다면 어떻게 해야 하는지 알아보자.

유전적인 요인으로 어느 정도는 특징적인 계열 성향을 갖고 태어난다는 말에 동의한다. 그러나 나는 이런 부분을 환경적인 요인에 의해 초등학교 때 바꿀 수 있다고 생각한다. 경험상 중학교 3학년 이후에는 계열 성향을 인위적으로 바꾸기 힘들다. 초등학교 때 어떤 환경에 노출하느냐가 매우 중요하다.

남학생은 여학생에 비해 진학 선택에서 '취업'을 비중 있게 생각하는 편이다. 요즘 인문계열 졸업자의 취업이 힘들다 보니 스스로 이공계열 학과로 진학하려는 경향이 높다.

내가 컨설팅한 남학생 중에 고등학교에 와서 자신의 계열 성향을 바꾼 경우가 있다. 교육특구 지역의 학생이었는데, 중학교, 고등학교 1학년까지만 해도 수학을 못해서 인문계열을 간다고 했다. 1학년 말이 되면서는 인문계에 간들 취업이 어려우니 이공계에 가야겠다는 생각이 들었다. 물론 이런 생각을 하게 된 배경에는 부모님의 끊임없는 이공계 예찬론도 한몫했을 것이다. 그리고 이왕이면 의대를 가자는 생각까지 하게 되었다.

문제는 수학이었다. 이 학생은 영어는 잘했지만 수학은 별로였다. 그러나 의대를 가기로 한 이상 죽기 살기로 무식하게 공부했다. 거의 모르는 문제는 패턴을 외워버리는 방식이었다. 수면시간은 5시간 이상을 잔 날이 드물 정도였다. 결론부터 말하면 졸업하던 해에는 원하던 의대를 가지는 못했지만 재수를 한 끝에 지방의 의대에 합격했다.

계열 성향을 바꾸고 싶다면 초등학교 때부터 환경을 조성해주는 게 좋다. 사고력 수학부터 시작해서 대학의 과학 체험 캠프 등을 활용하여 스스로 공부하고 싶다는 의욕을 불러일으켜주고, 절대로 수학 문제를 틀렸다고 야단치거나 심하게 나무라면 안 된다. 잘할 수 있다고 항상 격려해주고, 20년 후 장래의 모습을 상상하도록 꿈을 키워주어야 한다. 계열 성향은 바꿀 수 있다. 그러나 그냥 바뀌지는 않는다. 학생 본인과 부모가 같이 노력해야 바꿀 수 있다.

나는 중학교 3학년까지는 의지로 계열 성향을 바꿀 수 있다고 생각한다. 그러나 고등학교에 입학하면 필연적으로 벌어진 수학의 실력차를 극복하기 힘들다. 재수를 하는 것밖에는 방법이 없다.

계열 성향을 바꾸고 싶으면 초등학교 때 시도하자. 조기에 시도할수록 성공 확률은 높아진다. 결국은 본인의 결정에 달려 있다. 학생 본인에게 계열 성향을 바꾸고 싶다는 절실한 동기가 없으면 차라리 바꾸는 시도를 하지 않는 것이 더 낫다.

수학을 좋아하게 만드는 3단계

어떻게 하면 계열 성향을 바꿀 수 있을까? 단계별로 구체적으로 알아보도록 하자. 인문계열보다는 이공계열이 확실히 취업에는 유리하니 당연히 계열 성향을 바꾼다면 인문계열을 이공계열로 바꾸는 데 초점을 맞춘다. 이 작업은 초등학교나 늦어도 중학교 때부터는 시작하는 것이 유리하다. 고등학교에 진학하면 학습량 부담으로 현실적으로 힘들어진다.

이공계로 가는 데 필수 과목은 수학이다. 이공계열 성향으로 바꾸려면 무엇보다 수학에 흥미 내지는 자신감이 있어야 한다. 초등학교 때부터 수학을 싫어하는 학생이 나오는 것은 많은 개념을 단기간에 습득하고 정답 찾는 데 초점을 맞춰 공부하기 때문이다. 학년이 올라갈수록 한계를 느끼고 심할 경우 '초등학생 수포자(수학을 포기한 자)'가 된다. 수학에 자신감이 붙게 하는 3단계를 소개한다.

첫째, 초등학교 3학년 이전까지는 교구나 미디어를 활용해서 수학이 재미있는 학습이라는 이미지를 갖게 하는 것이 중요하다. 초등 수학은 다양한 연산 원리와 알고리즘에 대한 이해력을 확장해 흥미를 갖게 하는 데 목적을 두어야 한다. 수학은 누적형 과목이다. 초등학교 때 확실하게 잡아주지 않으면 중학교, 고등학교에 진학해서는 점점 더 수학 때문에 힘들게 된다.

초등 수학은 연산이 50%를 차지한다. 2학년의 문제는 단순 연산 문제이지만 6학년의 문제는 사칙연산을 총동원해서 풀어야 하므로 시간이 오래 걸린다. 빠르고 정확하게 풀기 위해서는 훈련을 해야 한다. 연산훈련은 학습지나 주산이 효과적이다.

연산이 강해지면 수학에 자신감이 붙게 된다. 참고로 연산훈련 방법으로 주산을 가르칠 때에는 최소 1년 이상 해야 효과가 있으므로 몇 개월 하다가 그만둘 거라면 안 하는 것이 낫다. 비용이 비싼 것이 흠이지만 방학 중에는 수학 캠프에 참가하는 것도 좋다.

둘째, 독서를 생활화해야 한다. 용어의 뜻을 몰라서 서술형 수학 문제의 답을 쓰지 못하는 경우가 많다. 동화책, 만화책, 이야기책은 전체적인 문맥을 이해하는 데에는 도움이 될 수 있으나 수학적 어휘를 정확히 이해해야 하는 점에서는 부족하다. 명작과 고전을 많이 읽으면 어휘력을 늘리는 데 도움이 된다.

그렇다고 초등학교 저학년생에게 무작정 명작과 고전 읽기를 강요할 수는 없다. 저학년생에게는 수학 동화를 추천할 만하다. 그다음 단계로 수학의 역사와 수학자 이야기, 생활 속 수학 등 수학에 관한 전반적인 지식과 정보를 포함하고 있는 책을 선택한다. 이 단계에서 명작과 고전 읽기를 병행한다면 효과가 있다.

요즘은 서술형 평가가 강조되어 서술형 문제 출제 비율이 높아졌다. 예전에는 덧셈식이나 곱셈식을 빠르고 정확하게 푸는 것이 중요했다면 지금은 일상생활의 문제를 수학적으로 표현하고 해결하는 것이 중요해졌다. 스토리텔링 수학 역시 일상생활에서 수학을 어떻게 활용하고 응용할 것인가와 관련이 있다. 따라서 서술형 문제에 익숙해지기 위해서는 아이와 함께 일상생활 속에서 수학적으로 생각할 수 있는 문제 상황을 이야기하고 수학적으로 해결해볼 수 있도록 하는 것이 중요하다.

셋째, 과학고나 영재고, 또는 전국권 자사고 진학에 흥미를 느끼도록 유도해야 한다. 제일 효과적인 것은 학교설명회에 같이 참석하는 것이다. 이때 하나고, 외대부고, 인천하늘고처럼 시설이 현대적인 학교를 선택하는 것이 좋다. 요즘 학생들은 시설이 열악하면 눈길도

주지 않는다.

　학교설명회 참석과 더불어서 TED 동영상을 통해서 자신의 장래 직업을 찾아보는 것도 좋은 방법이다. 당연히 진로 관련 독서도 같이하도록 해야 한다.

영재고·과학고
진학 시 유의할 점

"사촌이 땅을 사면 배가 아프다."라는 속담이 있다. 사촌이 부자가 되면 축하를 해줘야 하는데 거꾸로 배가 아프다. 질투심 때문이다. 그러나 과학고나 영재고는 배가 아프다고 절대 함부로 도전할 게 아니다. 특히 영재고는 880명밖에 선발하지 않는다. 수능인구가 42만 명으로 예측되는데, 수능인구의 0.2%에 지나지 않는 것이다.

세계적인 정보통신기업의 최고기술경영자(CTO)나 최고재무책임자(CFO) 등 기술 분야와 금융 분야의 최고책임자들 가운데 인도인이 많이 포진하고 있다. 인도인이 세계적으로 활약하는 배경에는 수학 실력이 있다는 게 중론이다. 특히 인도 공대는 IT 인재의 산실로 유명하다. 이제부터 인도 교육에 비추어 영재고, 과학고 가는 길을 제시해 본다.

첫째, 무조건 초등학교부터 수학, 과학에만 몰방하는 것은 장기적으로 바람직하지 않다. 우리나라 수학 교과서가 딱딱한 서술형 문제, 공식 암기 중심이라면 싱가포르와 인도는 교과서의 분량이 많아지더라도 그래프, 예시를 풍부하게 활용하고 있다. 인도 교과서의 경우 대단원과 관련이 있는 수학 역사와 인도 수학자 업적 등을 설명해 수학에 대한 학습자들의 흥미를 유도하고 있다.

수학이나 과학에 흥미를 느끼게 하려면 우리나라의 수학 교과서에만 의존해서는 힘들다. 수학적 흥미를 자극하는 책이나 영상 매체를 활용해 부족한 부분을 채워야 한다. 수학만 죽어라 시키지 말고 회화와 원서 읽기 위주의 외국어, 특히 영어 학습이 필요하다. 영재고 공부를 시킨다고 독서나 영어를 등한시하는 학부모가 많은데 장기적으로는 수학적 흥미를 반감시킬 수도 있다.

둘째, 과학도 중요하다. 수학의 중요성은 인식하고 초등학교 저학년부터 준비를 시키지만 정작 과학은 중학교 들어와서야 생각하는 학부모가 의외로 많다. 영재고나 과학고 합격생들을 보면 대부분 화학 올림피아드, 물리 올림피아드를 준비하고 수상 실적이 있는 학생이 많다. 초등학교 5학년 말부터 과학고 과학을 시작해야 중학교 2학년 때 올림피아드 시험을 볼 수 있다. 그런 과정에서 과학에 흥미를 품고 물리Ⅱ나 화학Ⅱ를 공부하는 학생이 많다.

그러나 꼭 이렇게 해야만 서울과고나 경기과고를 갈 수 있는 것은 아니다. 껍데기뿐인 선행보다는 차라리 중학교 과학을 철저히 학습하는 게 나을 수 있다. 문제는 철저하게 해야 한다는 점이다. 선행의 목적은 현행을 잘 알기 위해서이다. 그러나 무작정 하는 선행은 오히려 독이 된다. 학업 능력을 잘 측정해서 선행의 목표를 수립하는 것이 중요하다.

초등학교 때 적성검사를 해보는 것도 많은 도움을 받을 수 있다. 과학 영역에 호기심과 흥미가 많은 학생은 이런 엄청난 선행학습에 따른 부담을 견뎌낼 수 있다. 그러나 그렇지 않은 학생은 중학교 과정에 충실하고 화학 Ⅰ이나 물리 Ⅰ 정도만 하는 것이 효과적이다.

셋째, 영재고와 광역권 과학고 대비는 미묘하지만 다르다. 영재고는 엄밀히 말하면 고등학교가 아니라 영재학교이다. 과학고는 특목고에 속하는 고등학교이다. 영재고는 대학교 학점 시스템을 따르며 졸업논문을 통과해야 졸업하고, 과학고는 다른 고등학교와 마찬가지로 내신이 중요하다. 과학고 준비한다고 수학, 과학만 공부하다가 영어 내신 때문에 고민하는 학생을 많이 보았다. 일단 영어는 중학교 때 열심히 해야 한다.

과학고는 면접 형태로 선발하기 때문에 영재고와 달리 KMO 준비가 불필요하다. 특히 과학은 철저히 중등과정에서 출제된다. 중학교에서 내신과 독서, 영어, 수학, 과학을 철저히 하면 과학고나 전국권 자사고 모두 합격할 가능성이 높다.

영재고는 위의 과목별 학습에서 수학은 KMO, 과학은 올림피아드 시험 대비가 들어간다는 차이가 있다. 영재고를 준비하려면 최소 초등학교 5학년 말부터는 시작해야 승산이 있다.

영재고, 과학고에 입학하면 확실히 소위 상위권 대학에 진학하는 데 유리하다. 그러나 자녀의 계열 성향을 무시하고 무조건 학습을 강요하는 것은 바람직하지 않다.

대한민국은 최근 BTS의 성공, 영화 「기생충」의 선전으로 세계적인 문화강국으로 거듭나고 있다. 인문사회계열 학생들이 할 일도 많아질 것이다. 꼭 취업률만 생각하기보다는 장래성을 보는 것이 더 나을 수 있다.

요즘 사춘기는
중2에 끝난다

컨설팅을 하면서 요즘 학생들의 사춘기가 확 바뀌었다는 생각이 들었다. 2~3년 전만 해도 공부 의욕이 없고 게임이나 동영상 보기, 연예인 따라다니기, 운동 등 다른 것에 정신을 쏟고 부모님과 충돌을 일으키는 사춘기가 중학교 2학년에서 압도적으로 많았다.

그런데 요즘 중학교 2학년 학생 중에는 사춘기를 겪는 학생이 급격히 줄었다. 적어도 목동 지역은 그렇다. 요즘 사춘기는 초등학교 6학년~중학교 1학년에서 많이 보인다. 세대가 바뀐 것이다.

초등학교를 알차게 보내도록 환경을 바꾸어야 한다. 예전에는 초등학교 때 적당히 하다가 중학교 가서 공부하면 된다는 분위기였다. 그러나 이제는 중1도 자유학년제가 적용되어 학교 시험이 없어서 그대로 노는 학생이 많아졌다. 중학교 2학년 때 비로소 공부하려 해도 습관이 배어 있질 않아서 어려움을 느낀다.

이를 방지하려면 초등학교 6학년과 중학교 1학년을 하나로 묶어서 학습 습관을 만들어주는 것이 현명하다. 초등학교 6학년부터 독서와 각종 체험학습을 활발히 해서 적성 분야를 발견하도록 도와주어야 한다.

우리나라 교육부는 학생의 발달 단계를 고려하여 초등학교는 진로에 관한 의식 형성, 중학교는 여러 진로를 탐색, 고등학교는 진로 설계와 준비를 진로교육 목표로 설정하고 있다. 초등학교의 진로교육은 긍정적인 자아 개념을 형성하고 진로 탐색과 계획 및 준비를 위한 기초 소양을 기르는 데 중점을 두고 있다.

초등학교 때에는 다양한 직업을 알려주는 것이 무엇보다 중요하다. 커리어넷, 창의·인성교육 넷, 에듀팟 등의 누리집을 통해 부모의 직업과 친척의 직업 알아보기, 직업인 탐구하기, 직업인 인터뷰 등을 통해 간접체험을 해보는 것도 좋다.

직업을 체험해보고 싶다면 잡월드, 키자니아, 어린이회관, 삼성어린이박물관, 경기도 어린이박물관 등의 직업체험 장소를 활용해볼 수 있다. 그 밖에 각 지역의 교육청을 통해서도 직업체험 장소에 관한 정보를 확인할 수 있으니 활용하기 바란다. 그리고 직업에 대해 흥미를 보이면 독서와 연결해 깊이 알도록 한다.

중학교에 입학해 흥미를 품은 분야나 직업을 진학과 연결한다. 이때 효과적인 방법은 대학교나 고등학교의 과학 캠프나 학교설명회에 참가하는 것이다. 특히 전국권 자사고나 특목고의 학교설명회에 참석하면 학교 내의 다양한 비교과활동에 대한 소개도 이루어지므로 관심을 이끌 수 있다. 이런 관심을 입학 대비 학습으로 연결해주면 된다.

사춘기는 거의 중학교 2학년 때 끝나지만 그때까지 마냥 기다릴 수는 없다. 아이가 자연스럽게 적성을 찾고 방향을 설정할 수 있도록 부모가 먼저 자극을 주고 환경을 조성해야 한다. 꼭 전국권 자사고나 특목고를 가라는 것이 아니다. 사춘기의 방황하는 시간을 줄여주라는 말이다.

꼴찌이고 싶은
학생은 없다

1등하고 싶은 학생은 있어도 꼴찌하고 싶은 학생은 없지 않을까. 성적을 더 잘 받고 싶지만 방법을 궁리하기 귀찮거나 몰라서 꼴찌를 하는 것이리라.

프롤로그에서 잠깐 언급한 송영준 군 사례를 자세히 소개한다. 2020학년도 수능은 만점자가 15명이 나왔는데, 그중 한 명이 경남 김해시 김해외고 3학년 송영준 군이다.

송 군은 고등학교 첫 시험에서 127명 중 126등을 했다. 사회통합전형으로 합격해서 입학은 했는데 성적은 전교 꼴찌 바로 위였다. 초등학교 때 공부방을 다닌 것과 중학교 1학년 때 잠시 학원에 다닌 것을 제외하면 사교육을 받아본 적이 없다. 학원과 과외를 한 번도 한 적이 없는 셈이다.

그는 스스로 공부에 재능이 없다고 생각해 1학년 때 특성화고등학교로 전학을 희망했다. 그러나 주위 사람들의 격려로 다시 학습에 매진했다. 송 군은 자신의 공부법에 대해 "단계적으로 공부하는 게 중요하다. 무슨 과목이든 개념부터, 쉬운 것부터 시작해서 약간 어려운 문제를 풀고 이후 더 어려운 문제를 푸는 식으로 접근하는 것이 중요하다."라고 설명했다.

김해외고는 전교생이 기숙사 생활을 하는데, 기상 시각이 오전 6시 20분이고 의무 자습 시간이 밤 11시까지이다. 송 군은 1시간 일찍 일어나고, 1시간 늦게 잤다고 했다. 남보다 2시간을 더 학습한 것이다. 이것이 송 군을 수능 만점으로 만든 이유 중 하나이다. 송 군은 자신의 실력을 냉철히 판단하고 노력만이 살길이라 여겨서 그대로 실천했다.

자신의 실력을 제대로 모르는 것에서 학습 부진이 시작된다. 초등학교는 석차도, 평균도, 성적도 없다. 자신의 실력을 객관적으로 파악할 도구가 없는 것이다. 중학교 1학년도 마찬가지이다. 내신 성적마저 없으니 자녀의 실력이 어느 정도인지 가늠하기가 힘들다. 이 정도만 공부해도 되는지, 더 열심히 해야 하는지 알 수 없다.

이래서는 노력해야 할 동기부여가 안 생긴다. 그래서 나는 학원에서 시행하는 모의고사 성적을 참고하라고 권한다. 특히 대형 학원은 모의고사 표본집단의 수가 많으므로 비교적 객관적인 지표를 받아 볼 수 있다.

이것이 힘들면 학원에서 하는 단계 테스트를 6개월에 한 번 받아보길 권한다. 대부분의 학원에서는 레벨 테스트를 무료로 해주므로 공짜로 실력을 측정하고 상담까지 받을 수 있다. 이것도 힘들면 시중에 나온 중학교 내신 대비 문제집을 풀어본다. 중학교 1학년 때 2학년 대비 문제집을 사서 풀어보면 지금 무엇을 해야 할지 대략 감을 잡을 수 있다.

독서능력이 학습 능력이다. 독서는 하지 않고 수학, 영어만 강조하는 학부모가 있는데, 장기적으로 위험한 전략이다. 학교 국어 내신이 문제가 될 것이며 수학이나 영어 시험에서도 문제 이해능력이 부족해 어려움을 겪게 된다. 독서능력이 있어야 과목별 심화학습이 가능한 것이다.

독서는 모든 학습의 기본임을 명심하자. 무조건 책을 읽으라고 말하기보다는 유튜브, TED 등의 영상 매체로 흥미를 자극한 다음에 책읽기로 옮겨오면 좀 더 수월하다.

외동이라고
전략이 달라져야 할까?

요즘 외동이 늘고 있다. 요즘 외동을 보는 부모의 마음은 복잡하다. 공부하라고 다그치면 아이가 어긋날까 봐 말도 못하고, 그렇다고 가만히 있자니 입시가 불안하고…. 어떻게 해야 할지 고민이 많다.

설문조사의 결과에 해답이 있다. 친구처럼 친숙하지만 학습에 대한 아무런 얘기가 없으면 아이들은 부모가 자신에게 관심이 없다고 생각한다. 공부하라고 안 해도 아이 스스로 공부해서 좋은 대학에 들어가면 좋겠지만 그런 학생은 몇 안 된다.

예전에는 엄마가 악역을 맡아 공부하라고 얘기했지만 요즘은 엄마조차 얘기하지 않는다. 부모 중 한 명은 악역을 맡아야 한다. 공부하라고 윽박지르라는 이야기가 아니다. 장래의 꿈에 대해 얘기하고 그 꿈을 이루기 위한 실천과정을 알려주는 게 부모 역할이다.

예를 들어 초등학생이면 읽을 책 리스트를 정리해주고, 책을 읽은 감상을 묻고 같이 토론한다. 같이 체험학습을 나가면 더욱더 좋을 것이다. 초등학교 때에는 무엇보다 아이에게 맞는 학습법에 대해 고민해야 한다. 무조건 학원을 보내기보다는 아이에게 적합한 교육방법에 대해 고민해보는 것이 좋다.

경험상 학습지 교육보다는 학원 교육이 여러모로 유리하다. 학습지는 자칫 태만하기 쉽고 시간도 짧아서 집중학습이 힘들다. 조금 비용이 들지만 학원이 유리하다.

중학생이면 아무리 외동이라도 본격적으로 관리해야 한다. 중학교 때 학습 시기를 놓치고 고등학교에 진학하면 대입의 길은 점점 더 힘들어진다. 사실 요즘에는 옛날처럼 가출하고 학교를 땡땡이(?)치는 학생은 거의 드물다. 예전보다 겉으로는 온순해졌다. 주말, 주일에 집중적으로 학습 진행 상태를 점검해보길 권한다. 학원에서 알아서 해주겠거니 했다가는 낭패를 볼 수 있다. 학원만 보낸다고 자동으로 공부를 다 잘하게 되는 것은 아니다. 관리가 필요하다.

고등학생이 되면 마음이 급해져서 본인 스스로도 공부하려고 한다. 그런데 현실의 벽을 느끼고 좌절하는 학생이 많다. 고등학교에 가서 공부를 시작하려면 일찍 시작한 학생보다 몇 배의 노력을 기울여야 한다. 말이 쉽지 과목별로 학습하고 학교의 비교과활동까지 하려면 그야말로 자는 시간을 줄여도 부족하다.

이렇게 늦게 철이 들면 정시밖에는 선택지가 없게 된다. 그래도 간혹 뒤늦게 노력해서 명문대에 진학하는 학생들이 있지만 확률로 따지면 10% 내외에 불과하다. 초등학교 때부터 열심히 관리해야 고등학교 때 입시 경쟁에서 뒤처지지 않을 수 있다.

CHAPTER
7

학원 선택도 전략적으로 하라

학생 본인에게 맞는 학원이 최고다

전국구 실력의 동네 학원 찾기

학부모들과 상담을 하다 보면 "저희 동네에는 보낼 학원이 없어요." 라는 불평을 많이 듣게 된다. 교육특구 지역 이외의 학부모에게서 많이 듣는다. 대한민국은 '학원 공화국'이다. 전국 방방곡곡 학생이 있는 곳이면 다 학원이 있다. 이번 장에서는 내가 적을 두고 있는 씨앤씨학원을 기준으로 삼아 학원을 고를 때 주의 깊게 보아야 할 점을 정리했다. 우선 아직 알려지지 않았지만 전국구 실력을 갖추고 있는 학원인지 살펴보자.

씨앤씨학원은 직영으로만 운영하는 초·중·고 전문 단과학원으로 목동 지역에만 있다. 2000년 1월 강사 1명, 학생 10여 명으로 시작한 영어 전문 학원이었지만, 지금은 영어 외에도 수학·국어·논술·과학 등을 총망라한 대형 학원으로 성장했다. 현재 12개 관의 재원생 수는 1만 명(2020년 4월 기준), 강사는 250명이 넘는다. 초창기에는 주로 양천구의 목동 지역 학생이 대다수였지만 요즘은 강서구, 은평구, 구로구, 마포구, 영등포구, 부천시, 광명시 지역 학생들도 찾아오고 있다.

영어 전문 학원이 몇 년 새 전국구 학원이 된 데에는 스파르타 시스템이라는 차별화된 학습 관리 방식이 주효했다. 이는 '완벽한 당일 학습'을 목표로, 일정 수준의 이해도에 도달해야 귀가를 시키는 시스템이다. 대다수의 학부모와 상위권 학생들에게 지지를 받고 있다. 특목고와 전국권 자사고 진학률로 시스템의 효율을 증명했다. 2020학년도에 특목고·전국권 자사고에 진학한 학생은 280명이다.

전국구 실력을 갖추었지만 프랜차이즈로 사업 확장은 지양하고 있다. 지역 학원이 일정 규모를 넘어서면 대개 타 지역에 프랜차이즈로 진출하며 사업을 확장하려 한다. 그렇게 되면 매출은 늘지 몰라도 초창기에 학원이 추구한 본질성은 훼손당하기 쉽기 때문에 씨앤씨학원은 직영점만 고집하고 있다.

영어 전문으로 시작해 지금껏 오롯이 영어에 집중했으면 입시 실적이 좋지 못했을 것이고 현재의 전국구 실력을 갖추지 못했을 것이다. 중등 전문 학원임에도 2011년에 자체 연구소를 세워 체계적으로 입시에 대비했다.

　그런데 학원 소재지인 목동의 학부모들은 특목고 진학만을 목적으로 학원을 선택하지 않는다. 지역의 니즈를 읽고 내신 관리도 소홀히 하지 않은 전략이 주효했다. 특목고 진학 중심 학원에서는 보통 내신 대비는 학생에게 맡기는데, 씨앤씨학원은 내신부터 특목고 면접 대비까지 철저히 관리한 것이다. 동네에 있는 학원이지만 관리 능력은 전국구이다. 꼭 유명 체인학원이 아니어도 거주지 근처에 이런 학원이 있을 것이다.

강사를 보기 전에
원장을 보라

학원 종사자는 일반 직장인보다 이직이 잦은 편이다. 나도 지금 직장에 자리 잡기 전에 학원을 여러 번 옮겼다. 이전에 근무하던 학원뿐 아니라 이력서를 내고 면접 본 것까지 포함하면 꽤 많은 원장과 대표를 만났다. 그중에서도 지금 신원식 원장(현재 씨앤씨학원 대표이사)과의 면접은 아주 인상적이었다.

보통 입사 면접은 1시간 전후로 끝나는데 신 원장은 무려 5시간 동안 면접을 진행했다. 강사도 아니고 일반 관리직원을 뽑는 면접이었는데 말이다. 5시간 동안 신변잡기 같은 대화는 일절 없었다. 오직 전문 분야에 대한 질문과 답변만이 오갔다. 면접을 마치고 집으로 돌아가는 길에 '이렇게 철저한 사람이면 한번 해볼 만하겠다.'라는 생각이 들어 입사를 결심했고 지금까지 근무하고 있다.

신 원장은 한국외대 영어과 출신이다. 고등학교 재학시절 그의 장래 희망은 학원 영어 강사였다고 한다. 요즘은 인기 강사가 돈을 많이 번다는 걸 알아서 청소년 중에 학원 강사를 꿈꾸는 학생이 있을지도 모르겠다. 하지만 그 당시만 해도 중고생의 장래 희망은 대부분 의사, 판사, 변호사였다. 그런데 고교 때 장래 희망이 학원 강사였다니….

목표가 확고했던 신 원장은 대학 재학 때 알바로 학원 강사를 시작했고 '1타 영어 강사'라는 소리를 듣게 되었다. 대학 졸업 후 20대 후반 목동에 신서학원을 설립했다. 이것이 바로 현재의 씨앤씨학원이다.

신 원장은 술, 담배를 하지 않는 독실한 기독교 신자이다. 학원을 해서 돈을 많이 벌면 초심을 잃어버리고 몰락하는 학원을 심심치 않게 보아 왔다. 그런데 신 원장의 관심사는 오직 학원뿐이다. 10시 수업 규제가 없던 몇 년 전만 해도 오전 12시 이전에 출근해 새벽 1시에 퇴근했다. 회사 내 누구보다 근면성실하다. 겉치레보다는 내실을 따져 구매하는 습관이 있어서 '가성비'에 대한 이해가 높다. 그래서인지 씨앤씨학원은 타 학원에 비해 학원 수강료가 비싸지 않다. 가성비는 실리를 따지는 목동 지역 학부모들에게 가장 어필하는 부분이다.

물론 학원 강사의 평판도 중요하지만 먼저 학원 원장의 평판을 꼭 알아보길 권한다. 학원 경영 이외의 일들, 예를 들면 부동산 투자에 신경을 많이 쓰는지, 또는 다른 일로 구설수에는 오르내리지 않는지 등을 살피자. 학원의 얼굴은 강사이지만 그런 강사를 뽑는 사람은 원장이다. 원장이 바로 서야 학원도 바른 길을 간다.

자발적으로
보충을 하는 강사

대형 학원의 강사 수는 수백 명에 이른다. 유명 학원의 강사들은 이전 학원에서 1타 강사로 불리던 사람들이다. 고등학교에서 우수한 학생이 명문대에 모이는 것처럼 1타 강사만 한곳에 모인 것이다. 이곳의 급여 체계는 월급제가 아니라 학원과 수익을 나누는 방식이다. 대입 단과학원과 비슷한 방식으로 원생 수에 따라 받는 금액이 달라진다. 인기 강사는 명성과 수익을 모두 챙길 수 있는 구조이다.

그러다 보니 강사들 간에 보이지 않는 자존심 싸움이 대단하다.

유명 강사는 자리를 지키기 위해 더 노력하고, 그 밖의 강사들은 학부모와 학생들에게 인정받기 위해 노력한다. 학원 규모를 떠나 학생들이 찾고 학부모가 신뢰하는 강사의 특징은 크게 다음 세 가지로 정리할 수 있다.

첫째, 항상 노력한다. 너무나 당연한 얘기이지만 현장에는 타성에 젖은 강사가 참 많다. 시험 결과와 학생들의 성취도에 신경을 곤두세우고 더 발전할 수 있는 방법을 고심하기보다는 자신이 지금까지 해왔던 방식을 단순히 익숙하다는 이유로 고수하는 유형이다. 학교에만 이런 유형의 교사가 있는 것이 아니다. 학원에도 이런 강사가 있다.

그런데 학원 시스템상 노력할 수밖에 없는 경우도 있다. 다른 강사들과 비교하는 학부모와 학생들이 있으면 노력을 하지 않을 수 없다. 그런 의미에서 학원 소재지가 어디인지가 중요하다. 목동 학부모들은 항상 가성비와 평판에 민감하다. 자신의 자녀가 다니는 학원이 다른 학원에 비해 뒤떨어진다는 얘기를 듣기 싫어하며 학원뿐 아니라 자신의 자녀를 지도하는 강사도 최고이길 바란다.

1타 강사들은 항상 노력한다. 지도방식을 바꿔보기도 하고 교재도 바꿔보며 타 강사들의 방식도 도입해본다. 항상 최고의 만족감을 학생과 학부모에게 주려고 노력한다. 그래서 자율적 출퇴근임에도 많은 강사가 새벽까지 학원에 남아 학생들의 과제물을 검토한다.

둘째, 자부심이 강하다. 자부심이 강한 강사들은 학생이나 학부모에게 항상 당당하다. 부당한 간섭과 요구를 하는 학부모나 학생에게는 "NO"라고 확실히 얘기한다. 자신의 교육철학과 너무 맞지 않는 학생들은 아예 자신의 반 학생으로 받기를 거부한다. 자신의 실력에 자부심이 없으면 이런 행동은 나올 수 없다.

셋째, 강사 스스로 결정해서 보충을 실시한다. 자신이 달성해야 할 학습 목표를 학생들이 도달하지 못했다고 판단하면 학생이나 학부모가 보충학습을 해달라는 요구가 따로 없어도 자발적으로 보충학습을 한다. 토요일이든 일요일이든 학생을 불러낸다. 학원 소재지가 어디인지에 따라 호불호가 있을 수 있다.

어떤 지역의 학부모들은 너무 많이 공부시키는 학원을 싫어하기도 한다는데 목동 지역 학부모는 많이 시킬수록 좋아한다. 목동 지역 특유의 '가성비' 감성에 적합하기 때문이리라. 다만, 무작정 시키는 것이 아니라 나중에 좋은 결과로 나와야 만족한다. 대치동으로 대변되는 강남과는 약간 다른 분위기이다.

거주지 근처 학원에도 이런 강사가 있는지 살펴보고 학원 선택의 기준으로 삼으면 유익할 것이다.

자부심이 묻어나는 상담직원

어느 학원이나 상담을 전문으로 하는 직원이 있다. 나는 그동안 여러 학원에서 근무했지만 씨앤씨학원만큼 등록 성공률이 높은 학원은 본 적이 없다. 목동이나 강남 지역에서 상담하는 사람의 말을 들어봐도 상담하러 와서 바로 등록하는 경우는 적다고 한다.

이곳의 등록 성공률은 98%를 상회한다. 이는 상담직원들이 진심을 담아 상담하기 때문이다. 나도 학원 원장을 해봤지만 상담 오는 학부모들을 만족시키는 것은 생각보다 힘들다. 말솜씨만 좋다고 등록률이 올라가진 않는다. 학원 시스템과 학습 성과에 대한 자부심이 상담에서 우러나와야 한다.

씨앤씨학원은 항상 학부모들의 관심 사항을 모니터링한다. 모니터링만 전문적으로 하는 직원이 있을 정도로 만족도 조사를 철저히 한다. 모니터링 결과는 상담직원에게 곧바로 전달된다. 상담실 직원들은 학부모의 최근 관심 사항을 알고 있는 상태로 상담하게 되므로 자연히 학부모의 상담 만족도가 올라갈 수밖에 없다.

또 상담 이외의 잡무를 없애 상담직원이 업무에 집중할 수 있게 했다. 상담에 대한 실적 보고서 작성 같은 서류 작업은 거의 없다. 모든 사항은 관리 시스템에 입력해 데이터화하고 상담 결과도 공유하도록 한다.

혹자는 서로간의 실적 경쟁을 부추기는 시스템이라고 말하지만 절대 실적만 가지고 평가하지는 않는다. 불가피하게 퇴원생이 발생하더라도 실적에 집계되지 않는다. 이런 시스템이 하루아침에 구축된 것은 아니다. 10여 년 전부터 평가 모델을 발전시켜나갔기에 지금의 정교한 모델이 완성될 수 있었다.

학원 구성원의 만족감 정도는 학원 상담직원을 보면 알 수 있다. 학원을 방문하면 제일 먼저 접하는 사람이 상담직원들이다. 그들의 말 속에 자부심이 있는지를 확인해보자.

다니는 학생들이
만족해하는 학원

특목고나 전국권 자사고 학생들은 치열한 내신 경쟁을 치르지만 학교에 대한 만족도는 일반고 재학생들보다 훨씬 높다. 열심히 하면 목표가 보이고 학교에서 이를 지원해주기 때문이다. 마찬가지로 스파르타 시스템과 끊임없는 보충학습으로 운영하는 학원에 다니는 학생들은 자신의 노력이 성과로 나타날 것을 믿고 있기 때문에 학원에 대한 만족도가 높다. 그런 학원의 레벨 테스트에 합격하려고 타 학원에서 공부하는 학생도 있다.

학생들은 갈수록 현실적이 되고 있다. 솜사탕 같은 꿈과 미래를 꿈꾸는 학생도 있지만 대개는 현실적인 직업을 바란다. 직업군에 가까워지는 대학, 고등학교로 가겠다는 계획을 직접 세우는 학생도 많다. 의사, 교사, 대기업 직원, 연구원 등이 되고 싶어 하며 그 분야에 진출하기 좋은 고등학교, 대학교, 학과, 전공을 직접 조사한다.

적성 찾기는 원래 학교에서 하도록 되어 있다. 현재 중학교 1학년에 시행하는 자유학년제도 내신시험의 압박에서 벗어나 학생들이 체험활동과 다양한 활동을 통해 자신의 적성을 찾을 수 있게 만든 프로그램이다. 그러나 대부분의 학교에서는 프로그램이 부족해 수박 겉핥기식으로 진행되고 있다.

학교의 이런 부족한 점을 메워주려는 취지로 씨앤씨학원은 적성 찾기를 도와주는 시스템을 구축했다. 바로 CDP프로그램이다. 학생이 자신의 진로를 알 수 있도록 다양한 독서와 방법을 제시한다. 또 씨앤씨학원 소속 영어 강사들은 토플과 TED를 통해 다양한 분야를 간접 경험할 수 있도록 도와준다.

공부만 죽어라 시키는 학원보다는 학생들에게 공부를 하도록 자연스럽게 유도하는 학원이 낫다. 생선을 잡아다 주는 게 아니라 고기를 낚는 방법을 가르쳐주는 게 장래에 도움이 된다. 학생들이 다니고 싶은 마음이 들도록 끊임없이 연구하는 학원을 찾아보자.

입시 무기를 갖춘
학원

CDP(Career Development Program, 경력개발 프로그램)는 씨앤씨학원의 입시 실적에 지대한 공헌을 했다. CDP는 학생들이 자신의 계열 성향을 발견할 수 있도록 도움을 주어 궁극적으로 생활기록부 관리를 통해 입시에서 성공하는 것을 목표로 만든 프로그램이다.

씨앤씨 특목관에서는 CDP를 의무적으로 적용하고 있으며 본관과 목동관 재원생에게는 일정 기준을 충족하는 신청자에 한해 적용하고 있다. 학교 내신부터 학원 진단평가, IBT, TOEFL, TEPS의 모의 형태인 월말평가 그리고 체험활동, 봉사활동, 독서활동 등의 비교과활동까지 꼼꼼하게 관리한다.

학원에서 자체적으로 설립한 입시전략연구소는 개별 학생의 적성 및 진로, 적합 고교 및 대학 전공을 분석해 보고서를 작성하고 CDP 담당자는 이를 기초로 활동한다. 예를 들어 한 학생에 대해 입시전략연구소에서 '다분히 융합적인 성향을 지니고 있으며 계열 성향상 컴퓨터공학 전공이 적합하므로 전국적 자사고 진학이 향후 대입에 유리하다.'라는 소견서를 작성해 CDP 담당자에게 전달한다. CDP 담당자는 소견서를 토대로 교과활동과 비교과활동을 주기적으로 점검하여 학생에게 필요한 동아리활동, 봉사활동, 독서활동 및 진로체험활동을 소개해 자신이 원하는 학교에 진학할 수 있도록 도와준다.

만일 아직 진로에 대해 확신이 없는 학생이라면, CDP 담당자가 TED에 있는 각 전공 영역별 동영상을 같이 보면서 진로에 대해 같이 고민하고 체험활동 및 독서에 관한 조언을 해서 학생이 자신의 적성을 찾도록 도와준다.

CDP는 학생이 자신의 진로와 적성을 찾는 과정을 통해 학습에 대한 목적의식을 갖게 하는 것이 최종 목표이다. 이 시스템은 특목고나 전국권 자사고 진학을 원하는 학생들에게 큰 도움이 된다. 물론 일반고 진학생들도 자신의 적성을 파악해 학종을 준비하는 데 도움을 받고 있다. CDP는 씨앤씨학원의 숨은 무기라고 할 수 있다.

이런 무기가 있기 때문에 단순 과목별 전문 학원 형태를 넘어 학습과 적성검사, 입시컨설팅, 비교과 관리를 묶은 새로운 형태의 학원 모델을 선보이고 있다. 이렇듯 다른 학원과 차별화된 입시 무기를 갖추었는지를 살펴 학원을 선택하자.

외고, 국제고, 전국권 자사고
2020학년도 기출 면접 문항

서울 지역의 외고·국제고 면접 문항은 외고와 국제고가 조금 다르다. 외고는 자소서 위주의 개별 문항 면접만 실시하며 공통 문항 면접은 없다. 반면에 서울국제고는 공통 문항 면접과 개별 문항 면접을 다 실시한다. 서울국제고를 지원하는 학생은 공통 문항 면접의 변별력이 크므로 특히 대비를 잘해야 한다.

1) 대원외고

1. TM학습법이 왜 효과적인가? 영어 외 어떤 과목에 적용했는가?

2. 외교관으로서 필요한 자질은 무엇인가? 자질을 갖추기 위해 본교 프로그램을 어떻게 활용할 것인가?

3. 익명 오픈채팅방을 이용한 것이 왜 공정하다고 생각하는가?

4. CNN을 주기적으로 보는 중인가? CNN이 본인의 영어 학습에 도움이 된다면 어떻게 도움이 되는가?

5. 프랑스 혁명 중 특권과 참정권의 변화를 설명하고 그것을 인수분해 모형에 어떻게 대입했는지 설명해보시오. 그것을 통해 배운 것을 말해보시오.

6. 프랑스 아뜰리에 활동을 통해 한국의 인지도가 낮음을 알게 되었다고 했는데 인지도를 높이는 방법은 무엇인가?

7. 저널리스트의 사회적 책임이 무엇인지 말하고 미래의 대안 언론에 대해 설명해보시오.

8. 팝송 행사를 주도한 경험과 배운 점을 구체적으로 말하고 그를 바탕으로 본인이 생각하는 리더의 자질을 말해보시오.

9. 자소서 쓴 것 말고 공정무역 사례를 말해보시오.

10. 공정무역을 활성화할 수 있는 방안을 아는 대로 말해보시오.

2) 명덕외고

1. 영화 원서 TED를 활용해 영어공부를 했다고 하는데, 그중 영어를 어려워하는 친구에게 추천해주고 싶은 사례가 있는가?

2. 「라라랜드」의 특징이 무엇인가?

3. 추천해주고 싶은 TED는 없나?

4. 피타고라스 정리를 나만의 방법으로 증명했다고 하는데 구체적으로 설명해주시오.

5. 한일 무역전쟁에 대해 어떻게 생각하는가?

6. 기여 입학제는 계층 간의 공정성을 깨지 않는 것인가?

7. 그럼에도 불구하고 기여 입학제를 실시하는 이유는 무엇인가?

8. 기자는 기사를 쓸 때 아예 자신의 가치관이 들어가면 안 되는가?

9. 기자에게 필요한 자질 두 가지를 말해본다면 무엇인가?

10. 봉사를 통해 깨달은 점과 본인이 이를 통해 실질적으로 한 노력은 무엇인가?

3) 이화외고

1. 인간의 본성을 탐구했다고 했는데, 고대의 관점에서 바라본 본성과 근대의 관점에서 바라본 본성은 어떻게 차이가 있는가?

2. 자소서에 직역된 부분을 직접 자연스러운 번역으로 바꿨다고 했는데 구체적으로 말해보시오.

3. 이화외고에 지원하게 된 동기가 있는가?

4. 글을 어떻게 이해하고 논리력을 높이기 위해 어떻게 학습했는가?

5. 공정무역이 정확히 무엇인지 말하시오.

6. 공정무역을 할 때 방해요소가 무엇이며 학교생활에서 이 부분에 대한 해결책은 어떻게 할 것인가?

7. 독거노인 봉사활동을 하며 인상 깊었던 에피소드는 무엇인가? 이 부분에 대해 구청장에게 뭐라고 제안하고 싶은가?

8. 독서암기법을 적용하지 못한 과목은 무엇인가?

9. 소년법 폐지 토론에 대한 본인의 입장은 무엇인가?

4) 서울국제고

공통 문항

3~4명이 같이 방을 쓰는데 한 명이 청소를 안 해서 나머지 2명이 괴롭다.

다음 두 가지 조건을 이용해서 문제를 해결하시오.

가 : 삶의 질과 모두의 행복을 추구해야 한다.

나 : 예외 없이 모두가 지켜야 할 규칙이 있다.

어떻게 행동할지 가, 나 관점을 모두 사용하여 대답하시오.

개별 문항

1. 언어의 시대적 역사성에 대한 에세이 설명과 이것이 현대 문화에 끼치는 영향력은?

2. 트렌드를 분석해본 경험이 있는가? 트렌드 관련해서 읽은 책을 이야기하시오.

3. 우리나라가 세계무대에서 정당하게 보상받지 못하고 있다고 했는데 그 해결책은?

4. 국가 재정과 미래 상황을 예측하여서 금융 복지를 어떻게 실현할 것인지 말해보시오.

5. 자소서에 쓴 것 이외에 국제노동기구에서 하고 싶은 일을 말하시오.

6. 국제고 입학 후 노인복지에 대해 어떤 과목으로 공부할 것인가?

7. 선입견과 차별에 대한 보고서를 썼다고 했는데, 한국 사회에서 일어나는 선입견과 관련된 차별의 사례 두 가지를 말하시오.

8. 물품지원이나 치료서비스보다 교육지원이 중요한 이유를 비교해서 설

명해보시오.

9. 4차 산업혁명으로 인해 일자리 감소로 인해 문제가 발생할 수 있는데 이를 해결할 수 있는 개인적 관점과 사회적 관점 모두를 말해보시오.

10. 자소서에 쓴 것 말고 했던 프로젝트를 말해보시오.

11. 양자역학이 사회에 어떤 영향을 미쳤는지 말해보고, 이를 통해 본인 이 가지게 된 거시적인 관점 두 가지를 말해보시오.

하나고와 용인외대부고는 공통 문항 면접이 없고 개별 문항 면접만 실시하며, 지원생들의 심층적 사고와 논리력을 측정한다는 면에서 비슷하다고 볼 수 있다. 그리고 진로가 뚜렷한 학생을 선호하는 경향이 있다. 하나고는 2단계 전형에서 서류 점수가 20점 배정되어 있으므로 생활기록부 관리와 자소서 작성에 신경을 써야 한다.

1) 하나고

1. 요양원에 계신 이들을 뇌공학자로서 어떻게 도와줄 것인가?

2. 요양원에서 무엇을 했는가?

3. 뇌과학 분야의 책을 읽고 인문사회적 소양을 쌓았다고 했는데 이유가 무엇인가?

4. 인간은 과학적으로도 파악할 수 있지 않은가?

5. 은퇴한 대학교수와 슈퍼컴퓨터 교수 둘 중 한 명을 채용한다면 누굴 택할 것인가?

6. 인공지능의 윤리적 문제가 왜 중요할까?

7. 인공지능보다는 인간에게 윤리적 문제가 더 중요시돼야 하지 않을까?

8. 스포츠 용어 중에 과격한 표현이 많은데 이에 대한 자신의 의견은?

9. 루비 슈바인슈타인은 어떤 사람인가? 왜 그 명언을 썼는가?

10. 그래핀이 없을 때 개발하고 싶은 신소재가 있는가?

2) 용인외대부고

1. 후쿠시마 원전사태에 대한 자신의 경제적, 환경적 견해를 설명하시오.

1-1. 후쿠시마 사태를 통해 우리나라가 어떤 것을 배울 수 있는가?

2. 행동경제학 관련해서 읽었던 도서를 설명해보고, 그 책을 통해 행동경제학에 대한 자신의 생각과 우리나라에서 그것을 어떻게 활용할 수 있는가?

3. 정밀의학을 왜 하고 싶은지 말하고, 경제적·윤리적 측면에 대해 설명해보시오.

4. 벤처기업가가 되고 싶다고 했는데, 기업의 이윤을 추구하는 방향과 윤리적 측면이 상충될 수 있지 않는가?

5. 대한민국에도 공익을 위한 일이 많은데 왜 IDA에서 일하고 싶은가?

6. 국부론을 읽었다고 했는데 국부론의 내용을 설명하고 절대우위론과 비교우위론을 비교 설명해보시오.

6-1. (비교 우위론에서) 기회비용이 높은 것을 특화하는가, 낮은 것을 특화하는가?

7. 일상생활에는 합리론이 유용한지, 경험론이 유용한지 실제 사례를 들어 설명해보시오.

8. 무슨 운동을 좋아하는가?

9. 토마 피케티의 책을 읽었는데 어려웠던 점은 없었는가?

9-1. 책의 내용을 바탕으로 부의 불평등은 어떻게 초래되는가?

10. 자본수익률이 무엇인가?

10-1. 노동자의 임금이 자본수익률에 포함되는가?

여학생 : 수학·과학 공통 문제

1. 한국사 시험을 보는데 A반, B반이 있고 둘 다 30명 정원이며, A반은 70점이고, B반은 60점이다.

R. 평균을 보면 A반이 더 잘할 거야.

R. 최고 고득점은 A반에 있을 거야.

1-1. 평균이 70점을 넘으면 인증서를 주는데, 15명 이상이 인증서를 받을 수 있는가?

1-2. B가 인증서를 더 많이 받는 경우는 어떤 경우인가?

1-3. B 인증서와 A 인증서 차이의 최댓값은 얼마인가?

여학생 : 독서 공통 문제

-제시문 3개

가. 공자가 옛것을 익혀서 새로운 것을 얻는다.

나. 스티브 잡스 인문학과 과학기술이 합쳐져서 새로운 것을 얻는다.

다. 연암 박지원.

1. 각각 새로운 문화를 만드는 방법인데 각각의 차이는 무엇인가?

2. 각각 상황에 맞는 책을 세 권 들어본다면?

남학생 : 수학 공통 문제

－조건

1. 용지를 2등분하여 다른 규격의 용지를 만든다.

(예시: A0를 2등분하면 A1 사이즈의 용지가 됨)

2. 용지를 2등분한 용지는 모두 닮음이다.

3. X배만큼 확대복사를 하면 모든 변의 길이가 X배가 된다.

4. A0 용지와 B0 용지의 넓이의 비는 1:1.5이다.

－문제

1. A4 용지 100장이 필요할 때 적어도 몇 장의 A0 용지가 필요한가?

2. A4 용지의 문서를 B4 용지로 확대복사할 때 몇 배로 확대복사를 해
   야 하는가?

3. 조건에서 2등분이 아니라 3등분으로 바뀔 때 첫 용지의 짧은 변과 긴
   변의 길이의 비는 무엇인가?

4. A4 용지의 긴 변과 B3 용지의 짧은 변의 길이의 비는 얼마인가?

남학생 : 독서 공통 문제

고욤나무는 볼품없었지만 감나무를 접붙이기하여 자라게 하였을 때 줄기

가 되고 가지가 되어 절경을 이루었다.

1. 저자가 깨달은 바는?

2. 읽었던 책 두 권으로 이와 비슷한 사례는?

3. 고욤나무가 상징하는 것은?

4. 접붙이(감나무)가 상징하는 것은?

개별 면접 문항

1. 새로운 문화의 창조에 대한 세 제시문의 입장을 설명하시오.

2. 각 제시문의 방법으로 새로운 문화를 창조한 사례를 자신이 읽은 책에
   서 찾아 설명하시오(제시문 하나당 사례 세 개, 책 세 권).

3. 유전자 편집 기술 문제점이 있으면 어떻게 고칠 것인가?

4. 『종의 기원』을 읽기 어렵지 않았는가?

5. 분홍색 철쭉이 왜 더 일찍 개화하는지 본인의 의견을 추론해보시오.

❹ 포항제철고 / 인천하늘고 2020학년도 기출 면접 문항

포항제철고와 인천하늘고는 개별 문항 면접과 공통 문항 면접으로 구성되어 있다는 점과 특히 독서력을 중요시하고 측정한다는 점에서 유사성이 있다. 평소에 문학과 비문학 관련 서적을 골고루 많이 읽으면 면접에 도움이 될 것이다.

1) 포항제철고

1. 책을 읽고 무엇을 느꼈는가?

2. 살면서 힘들었던 적이 있다면?

3. 꿈을 이루기 위해 중요한 과목이 무엇이라고 생각하나?

4. 1학년 때 과학 성적이 좋지 않은 이유는?

5. 조별 활동을 했다 했는데 어떤 역할을 맡았는지?

6. 조별 활동에 잘 참가하지 않는 친구를 어떻게 참여시키겠는가?

7. 수학과학 동아리활동 중 기억에 남는 것은?

8. 학교에 입학한다면 하고 싶은 동아리가 무엇인가?

2) 인천 하늘고

공통 질문 1

-3명의 대화

1. 요즘 알 권리와 알지 못할 권리가 충돌하고 있다.

2. 요즘 알 권리가 중요하다.

3. 요즘 잊혀질 권리가 중요하다.

(1) 정현종의 『섬』

(2) 프로필(친일파의 프로필)

제시문 각각을 해석하여 이것에 대한 자신의 입장을 말해보시오.

공통 질문 2

큰 피자가 있고 작은 피자가 있다. 음식점에서는 같은 가격으로 큰 피자 대신 작은 피자 2개를 주겠다고 한다. 수미는 피자판처럼 생긴 종잇조각을 가지고 길이를 재지 않고도 크기를 비교할 수 있다고 말한다. 수미가 할 수 있는 방법 두 가지를 말해보시오.

개별 질문

1. 생활기록부를 보니까 영어책을 많이 읽었는데 기억에 남는 것이 있나?

2. 꿈이 정신과 의사인데 특별히 이것을 위해 무슨 활동을 했나?

3. 하늘고에 와서 어떤 공부를 하고 싶나?

4. 하고 싶은 말이 있다면 무엇인가?

5. 진로와 연관된 책 중 하나를 말하고 그 책을 왜 꼽았는지 말하시오.

6. 신약 개발 쪽이 진로라고 했는데, 제약 연구원이 갖춰야 할 소양으로는 어떤 것이 있으며, 이것을 하늘고 입학 후 어떻게 키울 것인가?

7. 평소에 많이 약을 접했다는 말이 있는데, 왜 그랬는가?

8. 하고 싶은 말이 있다면 무엇인가?